オーケストラがもっと楽しくなる！

クラシック音楽の基礎教養

Nagaoka Megumi
長岡　英

ARTES

本書は『〈いりぐちアルテス005〉オケ奏者なら知っておきたいクラシックの常識』
(2014年5月、弊社刊)の書名とデザインを新たにして再刊するものです

はじめに
クラシック音楽ファンの常識？

プロ・アマ問わず多くのオーケストラ奏者やクラシック音楽愛好家の方は、次のように考えていることでしょう。

1　クラシック音楽といえばドイツ（語圏）が本場
2　クラシック音楽といえばピアノ曲やオーケストラ曲などの器楽
3　最重要ジャンルは交響曲

でも、音楽の長い歴史の中でこれらが常識になったのは、ごく最近のことです。順番に説明しましょう。

長い間、音楽の本場といえば、イタリアでした。ドイツはむしろ後進国。ヘンデルのように現地でイタリア音楽を吸収する機会がなかったバッハは、ヴィヴァルディなどの協奏曲を楽譜で研究。オルガンやチェンバロ用に編曲しながら、新鮮で刺激的なイタリア音楽の書法を学びました。また、モーツァルトがなかなか定職を得られなかった最大の理由は、彼がオーストリア出身だったからです。ウィーンではイタリア人音楽家たちが幅を利かせていました。また、ベルリオーズやラヴェルも目指したフランスにおける若手芸術家の登竜門は、「ローマ賞」。絵画、音楽など各部門の優勝者らはローマに国費留学し、イタリア文化の中で数年間過ごすことができるという内容でした。

器楽に高い地位が与えられるようになったのは、一八世紀後半頃から。独立したジャンルとして成立したのも遅く、一六世紀末から一七世紀頃のことです。もちろん、器楽が全くなかったわけではありませんが、それまで音楽といえば声楽でした。

交響曲が楽器の最重要ジャンルに落ち着いたのは、ベートーヴェン以降。交響曲の原型は一七世紀末に生まれたものの、しばらくはBGMのような存在でした。「交響曲を聴きに演奏会に行く」ようになってきたのは一八世紀末以降。音楽の常識も、時代とともに変化してきたのです。

この本は、聖光学院中学校・高等学校（横浜）の学校関係者によるアマチュア・オーケストラ、聖光学院管弦楽団のホームページに連載した、「聖フィル♥コラム」に基づきます。オーケストラ奏者のお役に立ちそうな、知って得する（?・）音楽の基礎、クラシック音楽をよく聴かれる方はもちろん、「クラシックは好きだけれど、実はあまりよく知らない」という方にも興味をもっていただけそうな「クラシックよもやま話」の中から、音楽史に関するものを中心に再構成しました。

クラシック音楽好きの方が弾いたり聴いたりする音楽は、ほとんどがここ二〇〇―三〇〇年ほどの間に作られたものです。それ以前の音楽は、どのようなものだったのでしょうか。古い時代から現在まで、音楽において変わることなく受け継がれてきたものは何か、また私たちにとっての常識はいつ頃作られたのか、考えてみませんか。古い音楽を知ることによって、音楽の聴き方感じ方が、少し変わってくるかもしれません。

第3楽章　オーケストラ誕生までのはるかな道

第4楽章　バロック時代の常識!?

第5楽章　古今東西のオーケストラ奏者たち

ケース・スタディー

ブック・デザイン＝福田和雄（FUKUDA DESIGN）

第1楽章　オーケストラといえば交響曲!?

交響曲の成長期

オーケストラ奏者やオーケストラ・ファンにとって一番馴染み深いジャンルは、なんといっても交響曲でしょう。私たちにとって交響曲は、ほとんどの演奏会プログラムの最後を飾る、器楽における最高&最重要ジャンル。オーケストラは交響曲を演奏するために存在すると考えている人も多いと思います。

しかし、交響曲が私たちの思い浮かべるような姿になったのは、それほど昔ではありません。実は交響曲は、ヴィヴァルディやバッハらによってたくさん作曲された協奏曲に比べると、ずっと後に生まれた新しいジャンル。でも多くの人は、交響曲が成立し、成熟した後の姿しか知りません。

ラルー編纂『一八世紀交響曲主題目録』によると、一七二〇年頃から一八一〇年頃までの約九〇年間に出版された交響曲は、なんと、一六五五八曲にのぼるそうです。一万六千五百五十八曲！　これは、楽譜が（たとえ冒頭部のみであっても）現存する曲の数。

未確認のものや、出版されることなく失われてしまったものを加えると、膨大な数になるはずです。

この一万六五五八曲の中で私たちは何曲くらい知っているのでしょうか。ベートーヴェンが一八一〇年までに完成した交響曲は、一番から六番まで。それに、モーツァルトとハイドンの曲くらいのものでしょう。私は、モーツァルトが影響を受けたヨハン・クリスティアン・バッハ（大バッハの末子。一七三五−一七八二）の交響曲のCDを三枚、その兄カール・フィリップ・エマヌエル・バッハ（大バッハの次男。一七一四−一七八八）のCDを一枚と、ジョヴァンニ・バッティスタ・サンマルティーニ（一七〇〇／〇一−一七七五）とヨハン・シュターミッツ（一七一七−一七五七）の音源を数曲ずつもっていますが、これら全部を加えても二〇〇曲弱。一万六五五八曲の二％にも満たないのです。本当にすごい数！

なぜこれほどたくさんの交響曲が作られたのでしょうか。

その前に、交響曲という語について整理しておきたいと思います。交響曲は英語でシンフォニー。ギリシア語で「共に」を表すsynと「響き」を表すphōnēに由来する言葉です。「響きが一緒になること」というほどの意味。

交響曲、シンフォニーといえばもっぱら、ハイドン、モーツァルト、ベートーヴェン以降の交響曲を指します。でもこれは、いわば成熟した後の交響曲。本来は、生まれたばかりであろうと交響曲は交響曲のはずですが、赤ちゃんから大人になるまでの交響曲は、シンフォニーのイタリア語形であるシンフォニーアという別の用語を使うのが一般的。ベートーヴェンが交響曲第三番のタイトルを《シンフォニーア・エロイカ》と書いたように（シンフォニーアは女性名詞ですので、後に付く形容詞も「エロイコ」ではなく「エロイカ」と女性形に変化しています）、成長した交響曲を指す場合もありますが。

　このシンフォニーアが赤ちゃん交響曲を指す言葉として使われるのは、交響曲というジャンルの最も重要な源が、シンフォニーアと呼ばれていたからでしょう。これが何かは少しお待ちいただくとして、この本の中では次のように使い分けたいと思います。古典派以降の最重要ジャンルとしての交響曲は、ただの（？）交響曲。そうなる前の赤ちゃん交響曲は、かぎかっこ付きの「交響曲《シンフォニーア》」。ただのシンフォニーアと書いている場合は、その源です。ハイドンやモーツァルトの交響曲は、正確には「交響曲《シンフォニーア》」の方が近いのですが、慣例にしたがってかぎかっこなしの交響曲と書きます。

「交響曲」は開幕ベル

プロでもアマでもオーケストラの演奏会といえば、一曲目に短い曲、二曲目に協奏曲などのやや長い曲、休憩をはさんでメインの交響曲という構成が定番ですよね。でも、初期の「交響曲《シンフォニーア》」は、このような現在の交響曲のイメージと全くかけ離れたものでした。

一八世紀における「交響曲」は、序曲でした。序曲といえばオペラの序曲が頭に浮かびますが、それ以外にも演奏会や教会作品の最初に、「交響曲」が演奏されました。当時は電気がなかったので、照明を暗くして聴衆に開幕を知らせることができませんでした。「交響曲」は、開幕ベルだったのですね。

それ自体を鑑賞するというよりむしろ、観客のおしゃべりを鎮め演奏会への心がまえを促すためのものでした。また、普段の生活とは異なる「非日常」の世界の始まりを告げる役目も果たしていました。オペラや演奏会が始まりますよ、上司の小言や子供のぱっとしない成績など忘れて（!?）、英雄譚や三角関係のもつれにはらはらどきどきする、あるいは超絶技巧に目を見張る、特別な時間を過ごしましょう！　というわけです。

モーツァルトが交響曲をオペラ序曲に転用したのは、この二つが共通の役割をもっていたからですね。

一七二〇－一八一〇年に一万六五五八曲もの「交響曲」が作られたのは、オペラや演奏会や教会作品の開始音楽がそれだけ必要だったから。同じ「交響曲」を、そんなに何度も使えませんでした。「交響曲」は特定の機会のために作られる「機会音楽」。ほぼ使い捨てだったのです。それに、開幕ベル代わりですから長すぎては邪魔。全体で一〇分程度の長さでした。

何を聴きに行ったのか？

「交響曲《シンフォニーア》」が、演奏会の開幕ベル代わりの、いわば前座だったのなら、それでは、人々はいったい何を聴くために、コンサートに出かけたのでしょうか。一七八三年三月二三日に、モーツァルトがウィーンのブルク劇場で開いた演奏会を例に考えてみましょう。彼は同月二九日付の手紙で自分の演奏会の全プログラムを、父レオポルトに報告しています。皇帝も臨席したこの演奏会は、大成功でした（カッコ内は補足）。

1　ハフナー交響曲
2　ランゲ夫人の独唱。《イドメネーオ》よりアリア〈もし私が父上を失い〉
3　モーツァルト独奏によるピアノ協奏曲（第一三番）
4　アダムベルガーの独唱。コンサート・アリア〈話したのは私ではない〉
5　フィナールムジークよりコンチェルタンテ（《ポストホルン・セレナード》第三楽章）
6　モーツァルト独奏によるピアノ協奏曲（第五番）
7　タイバー嬢の独唱。《ルーチョ・シッラ》よりシェーナ〈私は行く、私は急ぐ〉
8　モーツァルトのピアノ（即興）演奏。小フーガと、パイジェッロとグルックの主題による変奏曲二曲
9　ランゲ夫人の独唱。レチタティーヴォとロンド〈お前は知らないのだ〉
10　ハフナー交響曲の終楽章

現代のプログラム構成に慣れた者にとっては、まず演目の多さに驚かされます。さらに、その脈絡のない雑多な内容！　オーケストラのコンサートなのかと思えば独唱が四つも（そのうち二曲を歌ったランゲ夫人は、モーツァルトがあこがれた女性です）。ピアノ協奏曲のみならず、ピアノの即興演奏まで。音楽会が少なかったこの時代、観客の様々な好みに合うよう、いろいろなジャンルの音楽を盛り込むのが、演奏会プログラムの常識でした。《ハフナー交響曲》はこのとき初演されたのですが、あくまで音楽会の序曲。人々のお目当ては、独唱や、即興独奏や協奏曲における、ソリストたちの妙技でした。

また、演奏会の最後にも「交響曲」が演奏されることがありましたが、それは現在のようなメインの曲としてではなく、「非日常」の時間が過ぎ去り、日常生活が戻ってくることを告げる合図でした。

「赤ちゃん交響曲」誕生まで

演奏会の幕開けを告げる音楽だった「交響曲《シンフォニーア》」。その最大のご先祖様は、オペラの幕開けを告げる序曲です。最初にできたのは、日本語でフランス風序曲と呼ばれるウヴェルテュール（ouverture）。そのものずばり、フランス語で「開けること、開けるもの」という意味です。モーツァルトの時代から遡《さかのぼ》ること一〇〇年あまり。ルイ一四世に仕えたジャン＝バティスト・リュリ（一六三二－一六八七）が一六五〇年代から、宮廷バレエやオペラの序曲として作曲し始めました。

ウヴェルテュールは、しっかりと形が定まった音楽形式です。

・緩―急―緩の三部分から成る
・三部分が途切れることなく、連続して演奏される
・すべての部分が同じ調で書かれる
・最初の遅い部分は二拍子系。付点のリズムが使われ、二回繰り返される
・速い部分の最初では、一声部ずつ、同じような旋律を演奏しながら対位法的に加わっていく
・冒頭と同じ（または似た）付点リズムの音楽で締めくくる。この最後の遅い部分は省略可

・短調で作られることが多い

フランス国外でも流行し、ヘンデル（一六八五―一七五九）は自作のイタリア・オペラやオラトリオの序曲に使いました。G線上のアリアなどが含まれるバッハの《管弦楽組曲》の本名（バッハが書いたタイトル）も、ウヴェルテュールです。オペラの序曲から離れて、「ウヴェルテュールで始まる組曲」という意味ももつようになったのです。

ウヴェルテュールに遅れること数十年、異なるパターンの序曲、シンフォニーアが誕生します（sinfonia）。シンフォニーアという用語は、複数の音が同時に鳴り響く楽曲に広く使われていましたが、次第にナポリ派オペラの作曲家アレッサンドロ・スカルラッティ（一六六〇―一七二五）が、一六八〇年代以降に作り始めたオペラ序曲のパターンを指す用語になります。日本語では「イタリア風序曲」。

シンフォニーアの形式は、ウヴェルテュールとは対照的です。

・急―緩―急の三部分から成る
・三部分はそれぞれ独立している
・最初と最後の部分は同じ調、真ん中はそれとは違う調が使われる

・遅い部分は音量が小さく叙情的に作曲され、非常に短いこともある
・対位法は使われず、旋律声部と伴奏声部の区別がはっきりしている
・圧倒的に長調で作曲される

これ、何かと似ていませんか？　そうです、速い遅い速いという楽章構成、第二楽章がゆっくりなだけではなく静かで、前後と調が異なるところなど、初期の三楽章構成の交響曲とそっくり。本当はこの言い方は逆で、シンフォニーアこそ、交響曲の初期形態「交響曲」の起源です。あるいは、「交響曲はシンフォニーアの特徴をそのまま受け継いでいる」と言うべきですね。協奏曲の構成とも同じです。「交響曲」の成立には、協奏曲も大事な役目を果たしています。

緩―急―緩のウヴェルテュールと急―緩―急のシンフォニーアは、しばらく仲良く（?）並存していたのですが、やがて正反対の運命を辿ります。歴史の古いウヴェルテュールは、一七五〇年頃までに廃れてしまいました。付点音符やら対位法やら、作曲上のお約束が多くて窮屈だったことや、王侯貴族の世にふさわしかった壮麗な雰囲気が、都市市民が音楽の担い手になった時代にそぐわなくなったなどの理由が考えられます。

一方シンフォニーアは、オペラや演奏会の導入曲として作曲され続けました。遅い楽章

とその後の速い楽章の間にメヌエットが加わり、それがスケルツォに変わって、私たちに馴染み深い交響曲の出来上がり！

交響曲？ 協奏曲？ サンフォニー・コンセルタント

日本語で協奏交響曲と訳されるサンフォニー・コンセルタント（symphonie concertante）。一八世紀後半から一九世紀にかけてパリやマンハイムなどで流行した、複数の独奏楽器をもつ交響曲と協奏曲の中間形態です。現代の感覚では協奏曲。バロック時代のコンチェルト・グロッソも複数の独奏楽器をもつ協奏曲のことですが、似ているのは形だけ。コンチェルト・グロッソではソロとトゥッティの対比が重視されましたが、サンフォニー・コンセルタントではソロ同士の対比が重視され、ソロ群が中心。カデンツァも付きます。

一七六七年五月に、出版譜に初めてサンフォニー・コンセルタントの名が使われて以来（実はこの曲、五重奏曲つまり室内楽でしたが）、一八三〇年頃までに五七〇曲ほどが作られました（sinfonia concertante や concertante だけのタイトルを含む）。半数は、フランス人、あるいはフランスで活動した作曲家によるものです。多作のトップ（？）は、半世紀以上をパリで過ごしたといわれるイタリア人カンビーニ（一七四六－一八二五）で、なんと八二曲！マンハイム楽派第二世代のカール・シュターミッツ（一七四五－一八〇一）も、三〇曲以上。

緩徐楽章を欠く二楽章構成と、通常の協奏曲と同じ急―緩―急の三楽章構成が、ほぼ一対一。緩徐楽章でも、アンダンテよりも遅いテンポ（アダージョなど）は全く使われていないそうです。速い方が、ソリストの妙技披露に向きますものね。耳に快いメロディーが次々と出てくるのは、セレナードやディヴェルティメントなど、当時の「軽い」ジャンルの音楽と似ています。短調の曲は全体のわずか〇・五％。古典派時代の作品は圧倒的に長調の曲が多いのですが、交響曲の二・五％と比べても、短調の少なさが際立っています。

独奏楽器の数やソロ楽器の組み合わせは様々。チェンバロ・ヴァイオリン・ピアノとオーケストラのためとか、ピアノ・マンドリン・トランペット・コントラバスとオーケストラのためなど、響きが想像しにくいユニークなものも。ヨハン・クリスティアン・バッハは、なんと九つの独奏楽器（ヴァイオリン2・ヴィオラ2・オーボエ2・ホルン2・チェロ1）のためのサンフォニー・コンセルタントを作っています。

モーツァルトは、一七七八年にパリで作ったフルート・オーボエ・ホルン・ファゴットのための作品KV Anh.九（二九七B）（消失。一九世紀半ばに見つかった、フルートの代わりにクラリネットが使われた楽譜は、真作かどうかわかりません）と、翌年のヴァイオリンとヴィオラのための作品KV三六四（三二〇d）を、サンフォニー・コンセルタントと呼びました。一方、同じ一七七八年にパリで作ったフルートとハープのための作品KV二九九（二九七c）は、複数の独奏楽器をもつのに、ただの（!?）協奏曲。その理由は？

サンフォニー・コンセルタントは本来、独奏楽器の名演奏家（ヴィルトゥオーゾ）たちのための、公開演奏会用の作品でした。チケットを購入すれば、一般市民も楽しめる公開演奏会。複数のソリストの妙技を同時に楽しむことができるサンフォニー・コンセルタントは、メイン・プログラムにうってつけ。

モーツァルトは、アマチュアのフルート奏者ド・ギーヌ公爵が娘と一緒にサロンで演奏するために注文した曲と、パリの名高い公開演奏会コンセール・スピリチュエル用の曲とを、はっきりと区別していたのです。

わくわくドキドキ、クレッシエンド

リピエーノ・コンチェルト（ripieno concerto）をご存知ですか。リピエーノは「満たす」というイタリア語に由来。バロック時代のコンチェルト・グロッソ（concerto grosso）において、独奏楽器以外をリピエーノ・オーケストラと呼びます。だからリピエーノ・コンチェルトは独奏楽器なしの、伴奏楽器だけによる協奏曲のこと。トレッリの作品五（一六九二）が最初といわれています。このリピエーノ・コンチェルトも、交響曲の重要なご先祖様の一つ。独奏者がいなかったら協奏曲じゃないでしょ！　と、つっこまないでくださいい。まだ交響曲という概念が存在しない時代。既存のもので表現した「ソリストのいない協奏曲」は、言い得て妙なのです。

「交響曲《シンフォニーア》」はソリストなしだからつまらないと言わせないためには、ソリストなしでおもしろい音楽にすればよい。伴奏楽器群の奏者を（一時的な）ソリスト代わりにしようというサンフォニー・コンセルタント的発想も一例ですが、みんなでソリストになろうという逆転の発想も可能。その代表格がマンハイム楽派。彼らが「交響曲」をおもしろくするために意識的かつ効果的に使った手段の一つが、クレッシェンドでした。

「だんだん強く」を意味する楽語クレッシェンドは、イタリア語の動詞crescere（成長する、増大する）、「だんだん弱く」のデクレッシェンドはdecrescere（減少する、低下する）、ディミヌエンドはdiminuire（減る）に由来する言葉です。楽譜上では、松葉形の記号も使われます。

このような次第に音量を変化させる奏法は、バロック時代にはあまり使われませんでした。この時代の強弱法は、テラス型（Terassendynamik）と表現されることがあります。たとえば協奏曲では、弾く人数によって強弱が交代します［図1-A］。全員で弾く部分はフォルテ、また一部の奏者（独奏者と少数の伴奏者）のみで弾く部分はピアノ。フーガ書法が用いられる場合は、パートが加わるにつれて段階的に音量が増えます［図1-B］。それに、この時代の鍵盤楽器は一定の音量でしか弾けませんでした（だから、強弱が変えられる楽器ができたとき、ピアノもフォルテも演奏できる「ピアノフォルテ」と名付けられたのですね）。

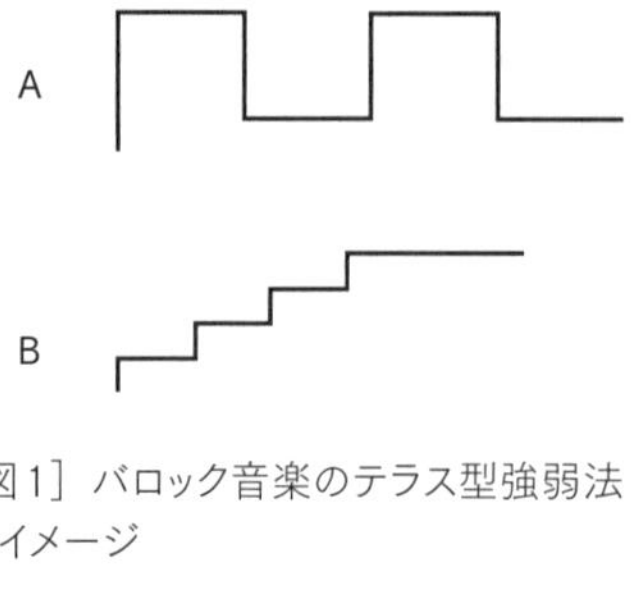

［図1］バロック音楽のテラス型強弱法のイメージ

「だんだん」音量が大きくなるクレッシェンドは、バロック時代と異なる音楽の到来を告げる、新しい響きだったはず。［譜例1］は、マンハイム楽派の始祖ヨハン・シュターミッツ（一七一七－一七五七）の「交響曲《シンフォニーア》」第一楽章。中・低音楽器が持続音をトレモロで支える上で、少しずつ上行するメロディーが楽器数も増やしながら急激にクレッシェンドし、*ff*に達します。これが、マンハイム・クレッシェンド。

なぜ、ここでクレッシェンドを使ったのでしょうか。伴奏だけのつまらない音楽、「交響曲」では観客をいかにして惹きつけるかが、作曲家の腕の見せ所です。マンハイム・クレッシェンドは実に単純な「しかけ」ですが、聴いていてわくわく、次はいつかとドキドキ、始まるとキター！　つまり、聴衆へのサービスなのです。

［譜例1］ヨハン・シュターミッツ：シンフォニーア ニ長調 第1楽章

このような強弱法は、マンハイム宮廷歌劇場の中心演目であったヨンメッリ（一七一四―一七七四）などのイタリア・オペラの序曲に前例があり、彼らのオリジナルではありません。でも、規模が大きく名手の多いマンハイム宮廷楽団が演奏することで、より表情豊かで劇的な効果が生まれたのです。こうして、つまらない「交響曲」は次第に楽しめる音楽に変わっていきました。

流行音楽メヌエット

フランス起源の三拍子の舞曲、メヌエット（menuetto）。一七世紀半ばから一八世紀末にかけて、フランス宮廷を中心に、貴族階級のダンス音楽として広く普及します。おだやかなテンポによるエレガントな踊りは典型的な宮廷舞曲で、市民層にも人気がありました。

このメヌエット、一八世紀初め以降、特にイタリア人作曲家たちによって、誕生間もない「交響曲《シンフォニーア》」に使われることがありました。急―緩―急の終楽章が、メヌエットの様式で作られたのです。一方ドイツ語圏では、一七四〇年代になると緩徐楽章とフィナーレの間に第三楽章としてメヌエットが加えられ、四楽章構成の交響曲が主流になりました。急―緩―急から、急―緩―やや急（メヌエット）―急に変化したのです。

ドイツやオーストリアで、「交響曲」の中にメヌエットが定着したのはなぜでしょうか。それは、当時この地域でメヌエットが流行していたからです。要するにこれも、聴衆サービス。一八世紀の人々にとって「交響曲」は、独奏者の妙技に目を見張る協奏曲や、独唱者の歌声に聞き惚れるアリアと違って、伴奏だけの音楽。そこで、当時最も人気があったダンスの音楽を取り入れて、聴衆が楽しめるようにしたのでしょう。「交響曲」の途中で流れるメヌエットを聴いて、人々は、自分が踊っているような気持ちを味わったかもしれません。ただし、メヌエットが流行していなかったイタリアやフランスでは、一八世紀末になっても、メヌエットなしの三楽章構成が「交響曲」の主流でした。モーツァルトがパリで作曲したいわゆる《パリ交響曲》ハ長調（第三一番）が代表例です。

独り立ちする「交響曲」

オペラやコンサートの開幕を告げる曲にすぎなかった「交響曲《シンフォニーア》」が、ようやく演奏会のメイン・プログラムに昇格するときがやってまいりました。ドイツ人ヴァイオリニストにして目端の利く興行師、ヨハン・ペーター・ザロモン（一七四五－一八一五）がロンドンで行った「ザロモン・コンサート」が、その転換点と考えられます。

ザロモンは、約三〇年間勤めたエステルハージ家の契約から自由になったハイドンをロンドンに迎え、一七九一年と翌年に、新作交響曲六曲（九三－九八番）を含む彼の作品を中心に据えた、各一二回の予約演奏会を開催します。一七九四年と翌年には、ハイドンの第二期ザロモン交響曲と呼ばれる九九－一〇四番の初演を含む、二一回の予約演奏会が行われました。

これらの演奏会は二部から成り、第二部のはじめにハイドンの大序曲、すなわち交響曲が演奏されました。遅刻した者もハイドンの交響曲を聴き逃すことがないように、という配慮です。この構成は、すべてのザロモン演奏会を通じて変わりませんでした。たとえば、ハイドンの交響曲第一〇〇番《軍隊》の初演時のプログラムは次のようなものでした。

第八回ザロモン予約演奏会
一七九四年三月三一日午後八時開演、ロンドン、ハノーヴァー・スクエア・ルーム

第一部
1　交響曲（プレイエル）
2　男声歌手のアリア
3　弦楽四重奏曲（ハイドン）
4　女声歌手の独唱
5　ハープ協奏曲

第二部
1　交響曲《軍隊》（ハイドン）
2　男声歌手の独唱
3　ヴァイオリン協奏曲（ヴィオッティ）
4　女声歌手の独唱

開幕ベル代わりだった「交響曲」がプログラムの真ん中に!! 大出世です。

ただ、真ん中といってもあくまで第二部の「序曲」で、その後にメインである独唱や協奏曲が続きます。それでも、ロンドンの聴衆がハイドンの交響曲をコンサート最大の呼び物と考えていたのは、第一期最初のザロモン演奏会を報じる新聞記事からも明らかです。

ハイドンによる新しい大序曲（交響曲第九六番）は、最大の喝采を浴び（中略）、聴衆は魅了され、満場の希望によって、第二楽章がアンコールされた。つぎに第三楽章をもう一度繰り返すよう熱心に求められた。（後略）

（一七九一年三月一二日付ダイアリー紙。大宮真琴『新版ハイドン』）

ザロモン・コンサートで「交響曲」が昇格を果たした理由は、いくつか考えられます。まず第一に、一七九〇年代にはハイドンの作曲家としての名声が、ヨーロッパに広く鳴り響いていたこと。第二に、ロンドンの聴衆の耳が肥えていて、「交響曲」を楽しむ下地ができていたこと。ロンドンでは公開コンサートが一七世紀末に始まりました。チケットを購入すれば、庶民でも聴くことができる演奏会システムが成立したロンドンは、一七二五年に同様のシステムが整ったパリと並ぶ、音楽の先進地でした。ザロモン・コンサートの会場ハノーヴァー・スクエア・ルーム（一七七三―七五年建設）は、八〇〇人以上を収容できたそうです。第三に、ザロモンが率いたオーケストラは総勢約四〇名と規模が大きく、表現力も優れていたこと。そして何より、人々が交響曲を楽しめるよう、ハイドンがサービスしたことです。

「ソリストのいない（つまらない）協奏曲」である交響曲。少しでも聴衆が楽しめるように、コンサートマスターのザロモンや管楽器奏者の独奏があちこちに織り込まれています。また、突然の転調やゲネラルパウゼ（総休止）、予想を裏切る強弱変化（*pp*で奏されるフレーズの最後に、突然ティンパニの強奏を伴う*ff*のトゥッティを入れた交響曲九四番《驚愕》の第二楽章が有名）など、ウィットに富む音楽作りを心がけています。ついこの前まで、開幕ベル代わりで使い捨て同然だった「交響曲」。その「交響曲」が、音楽会へ行く目的になるという大転換は、このような様々な条件が整って初めて可能になったのです。

COLUMN

楽しんで弾いていますか？

音を楽しむと書いて音楽。そうです。音を作ること、演奏することって、楽しいこと。オーケストラのように、たくさんの人が協力して作り上げる場合はなおさらです。みなさん、演奏を楽しんでいますか。楽しんで弾く（以下、楽器を吹く・叩くを含めて弾くと書きます）って、音楽を作る上でとても大切です。

音楽とは何か、考えてみましょう。楽譜は音楽ですか？　いいえ、違います。楽譜は作曲家が自分の意図を書き記したものですが、それだけでは単なる紙切れです。演奏者が楽譜を音にして、作曲者の意図を再現するプロセスが必要です。

それでは、楽譜が音になれば、それが音楽でしょうか。残念ながらまだ音楽ではありません。単なる「鳴り響き」です。演奏者がこの鳴り響きを通じて聴き手に何かを伝えたときに初めて、音楽が完成します。演奏者が一人であろうと大勢であろうと、プロであろうとアマであろうと、変わりません。

アマチュア奏者の中には、技術的にとてもお上手なのに「楽譜に書かれた音を正確に出す」ところで止まってしまう方が多いことを、私は以前から残念に思っていました。アマ・オケの演奏会で、最後のアンコール曲が一番印象に残った経験はありませんか。これはおそらく肝心の曲が、メッセージの伝わらない「鳴り響き」に終わってしまったからでしょう。一方アンコールには「演奏会はこれで終わりです。皆さん聴きに来てくれてありがとう！」というメッセージが、無意識に込められやすいのでしょうね。また、アンコールの曲は短くて技術的にそれほど難しくないことが多いので、楽しんで演奏することが容易なのかもしれません。

奏者がお客様に最も伝えやすいメッセージは、「自分たちは楽しんで演奏している。どうぞ皆さんも、一緒に楽しんでください」だと思います（一生懸命に演奏すればそれでよいと考える人もいますが、これは演奏者として当然のことで、聴く方としてはもの足りません）。もちろん、オーケストラでは指揮者が目標や方向性を示し、奏者はそれに沿って演奏しなければなりませんが、これと一人一人が楽しんで弾くことは、矛盾しません。大勢で弾くオーケストラでは、おのおのが音楽を楽しむことによって、聴き手により大きな楽しさのエネルギーを伝えることができるはずです。楽しんで弾いているか否かは、「鳴り響き」を真の音楽にするための、キーポイントともいえるのです。

もちろん、自分たちが楽しいだけの一人よがりの演奏にならないよう、技術的な問題を乗り越えるための練習に励むべきです。こう書くと、「技術的に未熟だから、弾くだけで精一杯」とか「自分は完璧に弾けないから、楽しむなんて無理」という声も聞こえてきそうですね。でも、楽しんで演奏することは、技術的な問題を解決した後でなければできないような段階的なものではないと思います。上手に弾ける人だけが、音楽を楽しむことを許されるわけでもありません。技術を磨きながら、それと並行して楽しんで弾くことも練習すべきです。そうです。楽しみながら演奏するって、意外と難しいですよ。ほとんどの人は、意識して実行しないと（楽しみながら演奏する練習をしないと）できるようになりません。

交響曲のような長い曲全体を楽しんで弾くことが大変なら、「ここのフレーズ大好き！」とか、「ここに命かけてる！」というところ数か所だけでも、積極的に楽しむことにしたらいかがでしょうか。聴かせどころはたいてい技術的に難しいですが、眉間にしわを寄せて演奏するなんて、もったいなーいっ！　スリル満点のドキドキを含めて楽しまなければ。

楽譜に書かれた音符を追いかけるだけではなく、自分は音楽が好き、このオーケストラで仲間と一緒に弾けて幸せ、このひとときをお客様と共有できて嬉しい、などと思いながら演奏しませんか。音楽を演奏することは、自己表現。それぞれの思いは響きのなかで一体となり、客席に届くはずです。

第2楽章　交響曲の成長

モーツァルトが作った交響曲はいくつ?

このタイトルを不思議に思われた方、多いでしょうね。ベートーヴェンの交響曲は九曲、モーツァルトは四一曲に決まっているじゃないか! と。実は、モーツァルトが作った交響曲は、四一曲ではないのです。

モーツァルトが最後に作った交響曲は、確かに四一番と呼ばれています。これは、一九世紀に刊行された、いわゆる『旧モーツァルト全集』の交響曲につけられた通し番号(この「旧全集番号」は通称として、正式な番号であるケッヘル番号とともに、いまだに広く使われていますね)。当時はこれがモーツァルトの交響曲の総数でしたが、その後、モーツァルト研究はどんどん進み、交響曲に関しても多くのことが判明しました。

四一曲の中には、モーツァルト以外の作品が四曲含まれていました。たとえば三七番は、ミヒャエル・ハイドン(ヨーゼフ・ハイドンの弟。一七三七–一八〇六)の交響曲に、モーツァルトが序奏を加えたものでした。一方、新たなモーツァルトの真作も二曲見つかりました。父レオポルトの作品か息子ヴォルフガングの作品かと評価が二転三転したあげく、最終的に息子の真作と認められた《旧ランバッハ》KV Anh.二二一（四五a）が、そのうちの一曲です。41－4＋2で、モーツァルトが最初から交響曲として作曲したのは、計三九曲。

これに、後から交響曲に編曲した曲の数を加えるとモーツァルトの交響曲の総数になります。でも、この編曲ものをどこまで含めるかが問題なのです。交響曲というジャンルが、まだ成長過程にあったこの時代。モーツァルトにとって、交響曲とセレナードやオペラ序曲の間には、それほど大きな違いはなかったと考えられます。一七八二年に作曲した《ハフナー・セレナード》K二五〇（二四八b）から行進曲などを除いて《ハフナー交響曲》（三五番）にしたり、劇的セレナータ《シピオーネの夢》KV一二六の、アレグロとアンダンテの二部分から成る序曲に、プレストのフィナーレを加えて独立した交響曲KV一六一、一六三（一四一a）に仕立て直したりしているからです。

指揮者のクリストファー・ホグウッドはこれを根拠に、セレナードやオペラ序曲からの編曲など、約七〇曲を収めた交響曲全曲録音を一九八〇年代初めに出して、話題になりました。これには、序奏だけがモーツァルトの作だった三七番や、四〇番初稿なども一曲として含まれていて、少々極端な例。『モーツァルト事典』（東京書籍）の交響曲一覧には、「偽作・断片およびセレナードからの抜粋を除く」として、四七曲がリスト・アップされています。『モーツァルト全集』（小学館）と、『モーツァルト全作品事典』（音楽之友社）は、内容は異なりますがいずれも五二曲。

というわけで、研究者によって異なるモーツァルトの交響曲の総数は「およそ五〇曲」と覚えておいてください。

ハイドンの交響曲は一〇六曲！

ハイドンの交響曲が全部で一〇四曲と思っている方も、多いですね。小さなことに目くじら立てるなといわれそうですが、やはり気になります。ハイドンが最後に作曲したのは、ハイドン旧全集番号でいえば一〇四番。でも、これは総数ではありません。全部で一〇六曲です。この勘違い、モーツァルトの交響曲が四一曲と思われている事情と、似ています。

ハイドンの作品目録（器楽曲は一九五七年出版）を作ってくれたホーボーケンが交響曲につけた番号は、Hob I 一から一〇八まで（そのうち一から一〇四は、実は一九〇八年に刊行されたハイドン旧全集番号を、そのまま踏襲しています)。

あれれ、一〇六曲よりもさらに二曲多いですね。一〇五番はサンフォニー・コンセルタント。20頁に書いたこの協奏曲と交響曲の中間形態をホーボーケンも交響曲に入れましたが、現在は協奏曲に分類されます。また、一〇六番は交響曲の第一楽章しか現存しない(一七六九年に作られたオペラ《漁師の娘たち》の序曲として作曲されたと考えられています)ため、一〇八マイナス二曲で、総数一〇六曲。

旧全集では一〇四番までだったということは、一〇七番と一〇八番は後から加えられたということ。その理由は? 交響曲一〇七番は管楽器パート(オーボエ2とファゴット2)を取り除いた形で、一七六四年に弦楽四重奏曲作品一の五として出版されました。これが混乱のもと。ハイドン存命中に作られたエルスラー目録(ハイドンの写譜屋ヨハン・エルスラーが、一八〇五年に作製)に弦楽四重奏曲として記載され、ホーボーケンも弦楽四重奏曲のカテゴリー(III)の五番に分類しました(現在、このHob III五は欠番。当時は交響曲と弦楽四重奏曲の境界とがはっきりしていなかった例です。ウィーン宮廷作曲家だったヴァーゲンザイル[一七一五－一七七七]の作とする資料もあります)。一方、交響曲一〇八番は、一七六九年にパリで交響曲として出版され、しかもエルスラー目録の交響曲の項に記載されていました。なぜ漏れたのか、理由はわかりません。

旅によって成長したモーツァルト

ハイドンが交響曲とみなしていたのは、この一〇六曲（当時はサンフォニー・コンセルタントも交響曲の範疇に入っていたので、正確には一〇七曲）だけではなかったはず。エルスラー目録も、当時まだ交響曲というジャンルが確立していなかった状況を反映しています。たとえばフルート1、オーボエ2、ホルン2、ヴァイオリン2と通奏低音のためのスケルツァンド（Hob II 三八）が、「交響曲《シンフォニーア》」として記入されていましたし、交響曲グループの最初には、オペラ《薬剤師》（Hob XXVIII 三）の序曲が記載されていました。

モーツァルトと同様ハイドンも、かなりの数の交響曲の作曲年代が、その後の研究で修正されました。というわけで、ハイドンの交響曲総数は一〇六曲（一〇四と間違った数を覚えるより、面倒ならいっそ「一〇〇曲以上」とでも）、番号は作曲年代順ではないということを、どうぞお忘れなく。それにしても、一度流布してしまった情報を修正するのは難しいことがよくわかりますね。

モーツァルトの音楽を読み解くキーワードの一つは「旅」。三五年という短い生涯のうち三分の一近くが、旅に費やされました。幼いヴォルフガングの天賦の才能に気づいた父レオポルトは、それを人々に知らしめ、また正しく伸ばすことが、神に与えられた自分の使命と考えたのです（幼い子どもたちを見世物にするために連れ回したという以前の父親像は、修正されました）。自身も音楽家（ヴァイオリン奏者）だった父が慎重に計画した数々の旅行は、ベルリン、アムステルダム、ロンドン、ローマ、ナポリにまで及び、この時代に音楽活動が盛んだった地を網羅しています。旅の目的は、年齢が上がるにつれて神童披露→オペラ上演→就職活動と変わりますが、ヨーロッパ各地への旅を通してモーツァルトは大きく成長していきます。新しいジャンルである交響曲を学ぶのには、次の二つの旅行が重要な役割を果たしました。

一つは、「西方への大旅行」と呼ばれる、一七六三年から三年半に及ぶ旅行です。目的地の一つロンドンで、モーツァルトは初めての交響曲を作曲しました（一七六四）。レオポルトが重い病気にかかり、ピアノを弾くことを禁じられたので代わりに作曲をしたと、同行した姉ナンネルが後に回想しています。シンフォニーア（イタリア風序曲）型「急―緩―急」三楽章構成や、明るくはつらつとした旋律などに、ロンドンで親しくなったヨハン・

クリスティアン・バッハの影響が、はっきりと表れています。このときモーツァルトは何歳？　一七五六年生まれだから……？　そうです。わずか八歳！　でも、シンプルながらチャーミングな交響曲です。

もう一つは、一七七七年から翌年にかけての就活旅行。最初の目的地マンハイムでは、ヨーロッパ随一といわれた宮廷オーケストラのレパートリーや優秀な管楽器奏者たちに、大きな刺激を受けました。当時、まだあまり普及していなかったクラリネットが加わっていて、父への手紙に、自分たち（のザルツブルク宮廷オーケストラ）にもクラリネット奏者がいたらなあ！　と書いています（ザルツブルクのオーケストラは、オーボエ2＋ホルン2＋弦約20、ときにトランペットやティンパニが加わった、この時代の標準的な編成でした）。また、次の目的地パリで作品を提供した「コンセール・スピリテュエル」のオーケストラは、フルート、オーボエ、クラリネット、ファゴット、ホルン、トランペット各2＋ティンパニ＋弦約40の大所帯！　モーツァルトは初めて、四種の木管楽器奏者が二人ずつ揃った、二管編成の交響曲を作ることができました。彼が初めから二管編成で作った交響曲は、このとき作曲された《パリ交響曲》と呼ばれる三一番だけです。

「旅をしない者は、まったく哀れむべき存在です」と、モーツァルトはパリから父に書き送りました。それぞれに異なった音楽状況を呈していたヨーロッパ各都市。テレビやCD

のない時代、実際に出かけて行くことでしか、その地の音楽に接することはできませんでした。様々な音楽に触れ音楽家たちに接し、それらを吸収・消化しながら、モーツァルトの音楽は育まれていったのです。

意外に几帳面だったモーツァルト

モーツァルトは交響曲第三九番変ホ長調を、一七八八年六月二六日に完成しました。続く四〇番ト短調は同年七月二五日に、第四一番ハ長調は八月一〇日に完成しています。当時としては前衛的ともいえる内容が含まれたこの最後の三曲は、モーツァルトの三大交響曲と呼ばれます。

いったいなぜ、一七八八年にこのように立て続けに交響曲を完成しなければならなかったのか。当時の交響曲は、音楽会の序曲。モーツァルトはこの時期、これらの交響曲を開始の音楽として使う音楽会を予定していたことになります。でも、そのような音楽会の記録は見つかっていません。そのため、以前はモーツァルトの生前には演奏されなかったと考えられていました。しかし、ト短調交響曲には、クラリネットが含まれない初稿と、クラリネットを加えオーボエ・パートを変更した第二稿が存在します。モーツァルトが実際の演奏を聴かずに改訂稿を書くことはまず考えられません。生前にこの曲が演奏されたことはほぼ確実。いったいいつ、演奏されたのでしょう。

ところで、どうして作品の完成日がこれほど細かくわかるか、ご存知ですか？　モーツァルト自身が『自作品目録』に記録していたからです

［図2］モーツァルトの自作品目録、1784年12月～1785年3月。1番上の曲はピアノ協奏曲（第19番）ヘ長調KV459「第2戴冠式」、2番目は「ハイドン弦楽四重奏曲」第5番イ長調KV464

［図2］。彼は、一七八四年二月九日のピアノ協奏曲第一四番変ホ長調以降、曲が完成するたびに、左頁に完成年月日、曲名、編成を、右頁に冒頭の数小節の音楽を、大譜表（ピアノに使われる書き方。オーケストラ曲も簡略化）の形で書き込んでいました。モーツァルトがとても几帳面にカタログを作っていたことがうかがえて、微笑ましいですね。

音楽の商品価値

音楽のジャンルに上下関係はありません。交響曲だけが偉いわけではなく、歌曲もオペラも室内楽も、みんな同じように重要です、と書こうと思ったら……。モーツァルトにとって音楽は、ジャンルによって価値が異なっていました。一七八三年に作曲した交響曲第三六番《リンツ》と、一七八四年に作曲した四つのピアノ協奏曲（第一四－一七番）の自筆譜に関する父への指示に、それが表れています（海老澤敏他訳『モーツァルト書簡全集』）。

モーツァルトよりザルツブルクの父に——ヴィーン（一七八四年）二月二十日

シンフォニーは総譜《スコア》です。いつか機会をみて清書させて、またぼくのところへ送り返してくだされば結構です。人手に渡すことも、また、あなたの望むところどこであろうと演奏してもらってかまいません。——協奏曲も総譜《スコア》です。——これも写譜してもらっていいのですが、でもできるだけ早く送り返してくださいね。——でも、注意、人には決して渡さないでくださいね。だって、ぼくはそれをプロイヤー嬢のために書いたので、彼女はぼくにたっぷりと支払ってくれたのですから。

モーツァルトよりザルツブルクの父に——ヴィーン、一七八四年五月十五日

リンツでトゥーン老伯爵のために書いたシンフォニーと、四曲の協奏曲を一緒に、きょう郵便馬車で送りました。——シンフォニーについては気むずかしく考えていませんが、四曲の協奏曲については（家で、あなたのそばで写譜をしてもらうよう）お願いします。ザルツブルクの写譜屋は、ヴィーンよりも信用できませんからね。——ホーフシュテッターがハイドンの音楽を二部ずつ写譜したのを、ぼくはまったく確かな筋から知っています。（中略）——それで、この変ロ長調と二長調の新しい協奏曲は、ぼく以外だれも持っていないわけですし—変ホ長調とト長調は、ぼくとフォン・プロ

イヤー嬢（この二曲は彼女のために書かれたものですが）、この二人以外持っていません。ですから、これらの曲は、そのような不正な手段によってしか他人の手に渡るはずはありません。——ぼく自身、ぼくの部屋で、ぼくの目の前で写譜してもらっています。

一八世紀末になっても、楽譜出版、特に大編成の合奏曲の出版では、彫版《えりいた》を作って印刷するよりも手で書き写す方が主流でした。でも、手紙に書かれているように、こっそり余計に写して売りさばく不届き者の写譜屋もいたのです。海賊版が出てしまうと作曲者の得になりません。モーツァルトにとって写譜屋は、料金や仕事のスピード、正確さだけではなく、信用できるかどうかが大問題でした。

手紙の中でモーツァルトは、協奏曲の海賊版が出ることをとても心配し、家で写させるようにとか、誰にも見せないようになどと指示していますね。一方で交響曲は、誰かにあげてもよいとか、どこかで演奏されてもかまわないと書いています。つまり、彼にとって協奏曲の方が、交響曲よりも商品価値がずっと高かったということになります。

第1章で書いたように、一八世紀の「交響曲」は演奏会の序曲。開幕ベル代わりのほぼ使い捨てでした。一方の協奏曲は、観客がソリストの妙技を楽しむ、演奏会のメイン。どちらが重要か、考えるまでもありません。しかも、モーツァルトにとってピアノ協奏曲は、基本的に自分で演奏するためのレパートリー。予約演奏会の呼び物でした。最新作の海賊版が作られないよう写譜屋に神経質になるのは、当然のことだったのです。ちなみに、自作品目録に書き入れられた最初の曲は、ここに書かれたプロイヤー嬢のための変ホ長調ピアノ協奏曲（第一四番）。カタログを作るだけではなく海賊版を心配することも、著作権を意識することにつながっていますね。

愛の楽器　クラリネット

オーケストラの木管楽器の中で最も遅く、一八世紀初めに誕生したクラリネット。オーケストラの中に定位置を得たのも、交響曲に使われるようになったのも、木管楽器の中では最後です。クラリネットの名曲を数多く残したモーツァルトが、この楽器を初めて知ったのはいつでしょう？

1　ウィーンでフリーランスとして活動中、名クラリネット（&バセットホルン）奏者アントン・シュタードラーに出会ったとき？

ウィーン宮廷楽団に仕えたクラリネットの名手シュタードラーは、モーツァルトよりも三歳上。五重奏曲（一七八九）や協奏曲（一七九一）は、彼のために作られました。セレナード《グラン・パルティータ》（一七八四）も、彼の演奏会用といわれています。フリーメイソンの盟友でもあり、プラハでの《皇帝ティートの慈悲》初演に友情出演。シュタードラーの優れた演奏技術から、モーツァルトは大きな刺激を受けました。しかし、クラリネットを知ったのはもっと前のことです。

2　一七七八年（二二歳）の就活旅行の際、パリで、クラリネットを用いた初めての交響曲を作ったとき？

3　一七七八年、パリに向かう前に訪れたマンハイムでクラリネットが入った宮廷楽団に接したとき？

パリの公開演奏会シリーズ、コンセール・スピリテュエルのオーケストラには、前述のように、当時、まだ珍しかったクラリネット奏者が在籍していました。

選帝侯カール・テオドールが質・量ともに高めたマンハイムのオーケストラ。一七五八年という驚くほど早い時期からクラリネット奏者が雇われていて、この楽器がオーケストラの中で定位置を得るのに貢献しました。もしも、マンハイム楽派の祖ヨハン・シュターミッツ（一七五七年没）作と伝えられるクラリネット協奏曲が本当に彼の作品ならば、記録が残るよりも前から、優秀なクラリネット奏者が在籍したことになります（息子たちも作曲家なので、どのシュターミッツの作品か、まだ確認されていません）。ただし、モーツァルトがクラリネットを知ったのはこのマンハイム滞在よりもさらに前。

4　一五歳で初めてクラリネットを用いた作品を書いたとき？

一七七一年、第二回イタリア旅行中にミラノで作った、弦四部、クラリネット2、ホルン2のための《八声のディヴェルティメント》変ホ長調KV一一三が、彼の初めてのクラリネット入り音楽。しかし、モーツァルトはさらに前の一七六四年にクラリネットを使っています。

「西方への大旅行」中に長逗留したロンドンで、モーツァルトは当地で活躍していたアーベルの「交響曲」（作品七の六）を筆写。新しいジャンルである「交響曲《シンフォニーア》」を学ぶためですね（自筆譜に基づいて、ケッヘルはこの曲をモーツァルトの交響曲第三番KV一八とし、旧全集にも収められました。四一曲中の欠番の一つです）。でも、そのまま写したのではありませんでした。アーベルが書いたオーボエ・パートを、移調してB管クラリネット用に書き替えているのです。このとき彼、八歳。

モーツァルトがクラリネットを初めて知ったのがいつかは、はっきりわかりません。このロンドンでかもしれませんし、あるいは、その前年、ザルツブルクを発ったばかりの頃に立ち寄ったマンハイムでという可能性もあります。いずれにしろ、彼はこの新興の楽器がもつ大きな可能性に早い段階で気づき、機会があれば欠かさずに使い続けました。交響曲二曲（《パリ》と第三九番KV五四三）。他に、後からクラリネットを使った交響曲も二曲。クラリネットなしの《ハフナー・セレナード》を仕立て直した《ハフナー交響曲》と、第四〇番ト短調の第二稿）、ピアノ協奏曲三曲（KV四八二、KV四八八、KV四九一）、ホルン協奏曲KV四四七、キリエKV三四一（三六八a）など数は少ないながら、亡くなる直前に協奏曲を完成するまで、生涯をかけてその魅力を引き出し続けました。

ちょっと特殊なのは、劇音楽でのクラリネットの使い方。一七八〇年に《イドメネーオ》で初めて用いて以来、オペラ・セリアであろうとオペラ・ブッファであろうと、歌詞がイタリア語であろうとドイツ語であろうと、亡くなるまですべての作品でクラリネットを使用しましたが、その使い方は驚くほど限定的。愛の場面でのみ用いました。

たとえば、老哲学者の賭けにのった二組のカップルの男性が、変装してそれぞれ婚約者ではない方の女性（姉妹）を口説き、両方とも成功する（姉も妹も心変わりする）という《コジ・ファン・トゥッテ》。木管楽器の中でクラリネットとファゴットだけが使われる六曲は、姉妹が、それぞれの恋人への愛を歌い合う二重唱〈ああ、妹よご覧〉や、別離を嘆く五重唱〈ああ、この足はあなたの前に〉など、いずれも恋人や口説こうとする女性への熱い想いが歌われているものばかり。シニカルな老哲学者や浮気をそそのかす小間使いの曲には、クラリネット・パートはありませんし、使われた六曲の中の愛から逸れた部分（たとえば内緒話など）では、クラリネットはお休み。モーツァルト、芸が細かい！

少なくとも彼の劇作品では、クラリネットは愛の楽器といえそうですね。この特別扱いは、モーツァルトだけ⁇　いえいえ、彼だけではありません。モーツァルトが《フィガロの結婚》を作るきっかけとなった、ジョヴァンニ・パイジエッロ（一七四〇－一八一六）の《セビリアの理髪師》（一七八二）第二幕でも、変装したアルマヴィーヴァ伯爵に対してロジーナが歌う愛のアリア〈春がすでに微笑みを〉でクラリネットが活躍します。クラリネットはどの程度まで愛の楽器として使われていたのでしょう。機会があれば、他の作曲家の劇作品も調べてみたいと思います。

交響曲の中の冗談

タイトルから、モーツァルトの《音楽の冗談》KV五二二を思い浮かべて、交響曲ではないなーと首をかしげた方、いらっしゃるかもしれません。確かに、モーツァルトまでの交響曲に、冗談はありませんでした。ベートーヴェンが冗談を入れたのです。えっ、何のことかって？　答えはスケルツォ！　スケルツォ（scherzo）はイタリア語で「冗談」という意味なのです。

メヌエットの代わりに交響曲（やソナタ、室内楽）に導入されたスケルツォ。三拍子でトリオを挟む三部分構成という点はメヌエットと共通ですが、異なる点もあります。

・踊りの音楽ではない

・テンポが速い
・名前のように、軽くてしばしばユーモラスな性格をもつ

ベートーヴェンは、第八番以外の交響曲の第三楽章（第九番のみ第二楽章）に、スケルツォを使いました（Scherzo と書き入れたのは第二、三番だけですが）。第一番の第三楽章にはMenuettoと書かれていますが、テンポが速い（Allegro molto e vivace）ので、実質的にはこれもスケルツォと考えてよいでしょう。第四、六、七番は、スケルツォ（S）の間にトリオ（T）が二回入るS—T—S—T—Sの構成。第五番でもS—Tの反復を指示していた時期があったため、五部構成の楽譜（ギュルケ校訂のペータース版）や録音（ブリュッヘンやガーディナーなど）が出ています。

いったい、どこが冗談なのでしょう。第六番《田園》の第三楽章「いなかの人々の楽しい集い」を考えてみましょう。スケルツォ冒頭の旋律は、スタッカート奏の弦のユニゾン。フラット一つのヘ長調で始まるのに、後半（九小節目から）のスラーの旋律はシャープ二つのニ長調。ヘ長調とニ短調なら両方ともフラット一つ。近い調ですが、ニ長調は遠い調です。しかもそのニ長調の後、何の手続きもなしに、また遠いヘ長調が戻ってきます。大胆！

この後のオーボエの旋律［譜例２］は、一拍目が休みやタイのために、伴奏より一拍遅れているように聞こえませんか。これは、村の楽師たちが、演奏中に居眠りをして、出を間違えそうになったりする様子。そういわれてみると、クラリネットのとぼけた合の手（一一四小節）が、出遅れのようにも聞こえますね。《田園》に限らずベートーヴェンのスケルツォ楽章は、拍がずれたりいびつだったり、強弱の入れ替わりが大きかったりイレギュラーだったりと、ユーモアやジョークが満載（気づいて笑ってあげましょうね！）。ゆっくりで静かな第二楽章とのコントラストが際立ちます。

　ところで、スケルツォと聞いてショパンの四曲のスケルツォを思い浮かべた方もいらっしゃることでしょう。ロマン派時代には、独立した器楽（特にピアノ）曲のスケルツォも作られました。こちらは、

［譜例２］ベートーヴェン：交響曲第６番《田園》第３楽章、107–116小節

題名からはほど遠い、シリアスな内容。ただ、急速な三拍子、真ん中に叙情的なトリオを挟んだS—T—Sの構成は、多楽章中のスケルツォと共通です。

神の楽器？　トロンボーン

質問です。次の三つの中で正しくないのはどれでしょう？

①トロンボーンは神聖な楽器なので、一六世紀に教会で用いられた
②トロンボーンは神聖な楽器なので、一七、一八世紀にはオペラで使用できなかった
③トロンボーンは神聖な楽器なので、一九世紀にベートーヴェンが導入するまで、交響曲に用いられなかった

もしかしたら三つとも正しい？　まず、①について考えてみましょう。確かにトロン

ボーンは、ルネサンス時代に例外的に教会で使われた楽器の一つです。それは、トロンボーンが神聖な楽器だったから？

本来、教会で演奏されるのは無伴奏の声楽曲でした。人の声はもっとも純粋で、神へ祈りを捧げるのにふさわしいと考えられたのですね。現在、ポピュラー音楽も含めて無伴奏の合唱・重唱曲を指す「アカペラ」という言葉は、イタリア語で「礼拝堂で（ア・カペッラ a cappella）」という意味です。ただ、ルネサンス時代のキリスト教の多声音楽（たとえばパレストリーナのミサ曲）は、とてもとても複雑。訓練された聖歌隊員たちでも、アカペラで歌うのは至難の業でした。

無伴奏の合唱の音程が狂わないように、パイプオルガンと並んで使われたのがトロンボーン。これには、二つの理由が考えられます。一つは、トロンボーンが人の声と溶け合う柔らかな音色をもっていたこと（無伴奏ですから、オルガンもトロンボーンも、声楽パートを一緒に演奏しました）。同じ低音域の楽器でも、ファゴットには難しいですよね。初期のトロンボーン（サックバットとも）はベルが漏斗《ろうと》型で小さく、ファンファーレや戸外の音楽用の大きな音とは別の、静かでニュアンスに富んだ音を出すのが容易だったそうです。

もう一つは、すべての音高を奏することができる楽器だったこと。一九世紀にヴァルヴ・システムが普及するまで、トランペットもホルンもただの管。出せる音が限られていました。スライドをもつトロンボーンだけが、聖歌隊の旋律を吹くことができたのです。
というわけで、①は原因と結果が逆。トロンボーンは聖歌隊を支える条件を満たし、教会で使われていたため、神聖な楽器とみなされるようになりました。

現存する最古のトロンボーンは、一五五一年にニュルンベルクで作られたテナー（B管。ベルは漏斗型で直径一二センチほど）ですが、さらに古く一五世紀末にトロンボーンを描いた図像もあります［図3］。五〇〇年以上も前のトロンボーンの形、現在と変わりませんね。右下の天使は、パイプとダルシマー（箱型の本体にたくさん張られた金属弦を、ばちで打って音を出す楽器）を演奏しています。

次に、②の「トロンボーンは神聖な楽器なので、一七、一八世紀にはオペラで使用できなかった」が、〇か×か考えます。

トロンボーンは、オラトリオには使用されます。オラトリオはオペラと同様「独唱や合唱＋オーケストラ」で構成されますが、宗教的・道徳的な内容に限られるからです。旧約聖書を題材にした、ヘンデルの《エジ

［図3］最古のトロンボーン図。フィリッピーノ・リッピ『聖母被昇天』部分（1488～1493年）、イタリア：ローマ、サンタ・マリア・ソプラ・ミネルヴァ教会、カラファ礼拝堂壁画

プトのイスラエル人》やハイドンの《天地創造》などがその例です。

一方オペラは、愛や嫉妬、裏切りなどが描かれる上、王侯貴族の娯楽として出発したため、華美や豪奢とも結び付きやすい究極の世俗音楽ジャンル。神聖なトロンボーンを使うなんてもってのほか！　のはずですが……。「《魔笛》にトロンボーンが使われているよ」というあなたは鋭い！　そのとおりです。

オペラでトロンボーンを使うことが許された理由は、二つあると思います。一つは、複数のトロンボーンが作り出す深く厚い響きによって、この楽器が、死や地下の（つまり死者の）世界と結びつけられていたこと。もう一つは、トロンボーンをまさにその（つまり死や闇の世界の）象徴として使ったオペラが、ごく早い時期に作られ、前例になったことです。

一六〇七年に初演されたモンテヴェルディ作曲の《オルフェオ》がそのオペラ。トロンボーンが地下の世界を表す楽器として使われ、主人公の歌を伴奏するハープなどの音色と、大きなコントラストを作り出します。《オルフェオ》の成熟した音楽表現は、後のオペラに大きな影響を与えました。

一七世紀の末以降、トロンボーンは多くの国で使われなくなってしまいました。しかし、オーストリアとドイツでは、教会と劇場用の楽器として生き残ります。モーツァルトもこの伝統を受け継ぎ、宗教曲（レクイエム〈トゥーバ・ミルム〉のソロが有名）とオペラだけにトロンボーンを使いました。もちろん後者では、宗教的な、あるいは超自然的な力が登場するシーンや、地下や闇の世界に限定して。

オペラ《ドン・ジョヴァンニ》では、石像が突然口をきく場面と、その動かないはずの石像が晩餐《ばんさん》に登場し、悔い改めようとしないドン・ジョヴァンニ（イタリア語でドン・ファンのこと）を地獄に堕とすまでの部分に、三本のトロンボーンが使われます。しかも、三人の掛け合いの中、石像が歌う小節だけトロンボーンを用いるという念の入れよう（後半は、石像が沈黙した後もずっと使われますが）。《魔笛》での使用箇所が多いのは、夜の女王やザラストロ、僧侶たちといった、超自然的、あるいは神聖な登場人物が多いからでは？

したがって、②の結論も×。むしろ、「トロンボーンは神聖な楽器なので、一七、一八世紀にもオペラに用いられた」と言うべきかもしれません。

最後に③の「トロンボーンは神聖な楽器なので、一九世紀にベートーヴェンが導入するまで、交響曲に用いられなかった」が○か×か、考えてみましょう。確かに、ハイドンの一〇六の交響曲にも、モーツァルトの約五〇の交響曲にも、古くから教会で使われた神聖なトロンボーンは含まれません。

ベートーヴェンは、交響曲第五番《運命》の終楽章に、ピッコロ、コントラファゴットとともに三本のトロンボーンを導入しました。彼は「ティンパニは三つも使いませんが、これらの楽器を加えることでティンパニ六つよりも大きな響きと、良い響きが得られるのです」と書いています。この《運命》をきっかけに、一九世紀の交響曲でトロンボーンなどが頻繁に使われるようになりました。ただし、

（《運命》は）ピッコロやコントラファゴット、そしてとくにトロンボーンをはじめて使用した交響曲である、といういまだに流布している誤解は訂正しておかなければならない。（中略）これらの楽器は個々には交響曲でもすでにかなりの使用例があるので、楽器自体は決して新機軸なのではない。

（『ベートーヴェン全集3』講談社）

というわけで、史上初ではありません。③の答えも✕です。ベートーヴェンはこの他に、第六番《田園》の四、五楽章と第九番《合唱》の二、四楽章にも、トロンボーンを導入しました。「本当は使ってはいけないのだけれど、響きのためにどうしてもここだけ」という感じですね。

さて、ベートーヴェンよりもずっと大胆に、交響曲にトロンボーンを使ったのは誰でしょう？　それはシューベルト！《未完成交響曲》では、第一楽章にも第二楽章にも書

きかけの第三楽章にも使っています。一八二一年頃に試みた旧番号第七番のホ長調交響曲で、彼はすでに、トロンボーンを第一楽章から使いました。

ベートーヴェンが《第九》の作曲に着手するより前から、交響曲で躊躇《ちゅうちょ》せずに（?）トロンボーンを使ったシューベルト。一八三九年にライプツィヒで《グレイト》が演奏されたときは、第一楽章の序奏から活躍する三本のトロンボーンが、聴衆に大きなインパクトを与えたと考えられます。《グレイト》の楽譜を「発掘」し、初演をメンデルスゾーンに依頼したシューマン。一八四一年の「交響曲の年」に完成させた交響曲第一番の第一楽章から、トロンボーンを使用しています。交響曲におけるトロンボーン普及に果たしたシューベルトの役割は、もっと評価されてしかるべきでしょう。

幻想交響曲の衝撃

フランスの作曲家エクトル・ベルリオーズが一八三〇年に作った《幻想交響曲》。西洋音楽史の講義では、絶対に省けない曲の一つです。ベルリオーズは何代も続く旧家の長男として生まれました。父は高名な医者。医学部に通うためにパリに出てきたのに、オペラ座通いを始め、ついには音楽の道に進んでしまいます。

《幻想交響曲》の重要なポイントその一は、ある旋律が形を変えながら、すべての楽章（遅いテンポの序奏部付きアレグロ、ワルツ、緩徐楽章、マーチ、フィナーレからなる全五楽章）に現れること。このような「多楽章形式の楽曲において、同じ主題材料を全楽章あるいは数楽章に用いて、性格的統一をはかる手法」を循環形式と言います（『音楽大事典3』平凡社）。楽曲の基本となる旋律を複数の楽章で用いる（循環させる）手法自体はかなり古くから存在しましたが、循環形式という用語は主に、一九世紀以降の音楽に使われます。交響曲における循環形式の先駆けは、実はベートーヴェンの《運命》で、ベルリオーズの《幻想交響曲》は開祖といったところ。

重要なポイントその二は、この曲が「ある芸術家の生涯におけるエピソード」という副題をもち、それを説明する標題（プログラム）がついていること。つまりこれは、音楽外の要素（この曲の場合は物語）と結び付いた標題音楽。「失恋して絶望した若い芸術家がアヘンを飲んで自殺を図るが死に切れず、奇怪な夢をみる」というような曲全体の標題だけではなく、各楽章も標題付き。ベルリオーズは標題を何度も改訂し、《幻想》が演奏されるときはパンフレットとして印刷しました。このポイントもベートーヴェンが先駆け。《田園交響曲》（各楽章に副題付き）を「絵画というよりもむしろ感情の表現」と書いています（単なる外界の描写ではないということですね）。

詳細な標題を音楽で表現するために使われるのが、ポイントその一の循環する旋律。ただ何度も戻ってくるだけではありません。この旋律は、芸術家が崇拝している女性の幻影で、ベルリオーズは「固定楽想《イデー・フィクス》（idée fixe）」と名付けました。重要ポイントその三です。第一楽章の初出ではチャーミングでエレガントな旋律が、終楽章の魔女たちの宴《うたげ》では、装飾音がごちゃごちゃ加えられ、甲高いE♭管クラリネットが担当するグロテスクな旋律に。特定の旋律に特定の意味をもたせる、新しい試み！　リストやヴァーグナーに影響を与えました。

ベルリオーズがこのような大胆で独創的な交響曲を作った直接の発端は、一八二七年九月一一日に見た、イギリスのシェイクスピア劇団による《ハムレット》公演。オフィーリア役のハリエット・スミッソンに一目惚れしただけではありません。全くわからない英語による上演であったにもかかわらず、ベルリオーズはシェイクスピア劇のもつ壮大さ、崇高さ、劇的構想の豊かさに衝撃を受けます。

もう一つ重要なのは、一八二八年にベートーヴェンの第三番と第五番の交響曲を聴いたこと（アブネック指揮パリ音楽院演奏協会）。それまで声楽中心だった彼の音楽世界（ベルリオーズが、音楽の道に進むきっかけとなったのはオペラ。一八三〇年にローマ賞を受賞するまで二六年から毎年、課題曲として作っていたのは、カンタータでした）。それが、器楽のもつポテンシャルに気づいたことで、大きく広がります。

持ち替えでイングリッシュ・ホルンやEs管クラリネットが使われ、ハープは二台、ティンパニは二組に奏者は四人。ベートーヴェンの死後わずか三年で、これらが交響曲に導入されたと考えると唐突ですが、ハープや鐘、イングリッシュ・ホルンは、オペラでは以前から用いられていました。また、シェイクスピアやゲーテの戯曲がもつ表現力や劇的要素を、音楽に取り入れようと試みただけ。ただ、ベートーヴェンの交響曲の枠組みの中にそれを取り入れようとしたのが、斬新すぎ。敬意を捧げられたベートーヴェン、お墓の中でさぞかし驚いたことでしょう。

演奏会用序曲と交響詩

突然ですが、演奏会用序曲って何でしょう？　オペラの序曲のように、演奏会の幕開けに演奏される曲？　もとは、シンフォニーア（イタリア風序曲）などから成立した「交響曲」が、演奏会の最初に演奏されていましたが、それと演奏会用序曲は別物です。それでは、演奏会の一曲目に演奏される序曲？　確かにオーケストラのコンサートでは、オープニングの短めの曲として序曲が演奏されることもしばしばあります。でも、オペラなどの序曲だけが演奏会で取り上げられても、それは（ただの）序曲。演奏会用序曲とは呼びません。

正解は、一九世紀以降に単独楽章として作曲された、序曲という名称をもつ管弦楽曲。劇作品などの導入曲ではなく、序曲だけで独立した作品です。原型はベートーヴェンの、たとえば序曲《霊名祝日》（一八一四－一五）。最初のスケッチ（一八〇九）には「あらゆる機会のための――あるいは演奏会のための序曲」と書かれていて、彼が単独の曲を意図していたことがわかります。皇帝の霊名祝日の祝賀行事用として作曲が進められた時期があったために この名で呼ばれますが、結局、霊名祝日のプログラムからはずされました。最終的に、最初に考えたような「あらゆる機会のための序曲」になったといえます。

ベートーヴェンの一一の序曲の中で、オペラや演劇と無関係に成立したのはこれだけですが、音楽的に独立した序曲は他にもあります。《コリオラン》序曲（一八〇七）は、ウィーン宮廷劇場で成功を収めていた、ハインリヒ・フォン・コリン作の舞台劇用序曲として作られました。コリンに献呈したものの、この序曲をつけた舞台上演の記録は残されていないそうです。また、序曲《献堂式》（一八二二）は、劇場の柿落《こけら》とし公演の祝典劇用に作曲したもの。劇中音楽の多くは同様の機会のために作られた《アテネの廃墟》（一八一一）からの転用なので、新作の序曲は、独立した曲といえなくもありません。

演奏会用序曲の原型がベートーヴェンなら、典型はメンデルスゾーン。たとえば序曲《ヘブリディーズ諸島》（一八三〇）（日本では《フィンガルの洞窟》というタイトルの方が有名）は、オペラや演劇と関係のない、序曲だけの音楽です。彼は、スコットランドを旅行中ヘブリディーズ諸島に魅了され、「心に浮かんだものを書き留め」ました［譜例3］。完成された序曲冒頭は、拍子以外ほぼスケッチそのままですね。《静かな海と楽しい航海》（一八三〇）はゲーテの二つの詩からインスピレーションを得たもの。また、《夏の夜の夢》の序曲（一八二六）も、シェイクスピアの独語訳を読んだ一七歳のメンデルスゾーンが、単独で作った演奏会用序曲でした（初めはピアノ連弾用。有名な結婚行進曲などの劇付随音楽を作曲したのは、一六年後の一九四二年）。

以前から、オペラの序曲は本体と切り離されて、コンサート・ピースとして演奏されていました。ヘンデル、モーツァルト、ケルビーニらのオペラ本体が忘れられた後も、序曲は残りましたし、モーツァルトは《ドン・ジョヴァンニ》序曲を改稿し、演奏会用エンディングを作っています。一九世紀に演奏会用序曲というジャンルが成立するのは、ごく自然な流れだったのでしょう。

一方、交響詩を作ったのはドヴォルザーク、スメタナ、ボロディン、シベリウスのような国民楽派、サン＝サーンスやフランクなどフランスで活躍した作曲家たち、ドイツではリヒャルト・シュトラウス。物語や詩、絵画、風景、哲学的な思索など、音楽外の要素と結びついた標題音楽の一分野で、わかりやすい

［譜例3］メンデルスゾーン《ヘブリディーズ諸島》のスケッチ前半、1829年8月7日

ようにタイトル（表題）やプログラム（標題）が付く場合もあります。

一八五〇年頃にこの新しいジャンルを創始したのは、リスト。でも、彼の交響詩のうち《プロメテウス》（一八五〇、一八五五改訂）や《ハムレット》（一八五八）は、初め序曲として作曲されました。リストはこの二曲を演奏会用序曲と呼ぼうと、ほとんど決めるところだったそうです。ですから交響詩は、演奏会用序曲の発展形といえます。

それでは、演奏会用序曲と交響詩の音楽上の違いは何でしょう？　答えは、ソナタ形式を使うか否か。一八世紀、モーツァルトが《フィガロの結婚》序曲などを作るときに使ったソナタ形式を、一九世紀のメンデルスゾーンも使いました。序曲《ヘブリディーズ諸島》では、［譜例3］のスケッチに基づく、寄せては返す波のような短調の寂しい感じの第一主題と、ふっと日が射したような長調の優しい感じの第二主題が提示され、展開部をはさんで再現されます。

ソナタ形式は主題の出し方や転調の型が決まっています。この型の中で音楽外の要素を表現するのは、かなり難しいですよね。メンデルスゾーンが序曲の中で描いたのはストーリーではなく、海から高く厳しくそびえる洞窟の「雰囲気」でした。

一方、交響詩は自由。リヒャルト・シュトラウスは交響詩《ティル・オイレンシュピーゲルの愉快ないたずら》（正確には交響詩ではなく「音詩」）の中で、一四世紀に実在した人の、民間伝承されたエピソードを描きました。作曲者によると冒頭部は「むかしむかしあるところに」。続くホルンによるティルの主題は、「いたずら好きの道化がおりまして、その名をティル・オイレンシュピーゲルと申します」。クラリネットによる第二のティルの主題は、「それはとびきりのいたずら者でありました」という口上に相当。その後も型に押し込められることなく、魔法の長靴で高飛びしたり、牧師に扮して説教を垂れたりするティルのいたずらを、様々な音楽を連ねながら表現しています。

もちろん、ただストーリーを描写しているだけではありません。リヒャルト・シュトラウスは、再現部（的な部分）を入れたり、ティルの主題を変形しながら何度も使うことで、音楽に構成感や統一感を与えています。

交響詩が生まれると衰退に向かった演奏会用序曲ですが、二〇世紀までなんとか生き延びました。ショスタコーヴィチの《祝典序曲》（一九五四年初演）は、ソナタ形式による長すぎない単一楽章の管絃楽曲という伝統を受け継いでいます。一方、交響詩は、一九二〇年代までと、短命に終わりました。一九世紀後半は、ソナタ形式の枠組みの中で、それを変形・応用しながら演奏会用序曲を作った作曲家たちと、標題を描くために独創的な形を探しながら交響詩を書いた作曲家たちが、併存した時代だったのです。

《新世界》と循環形式

一つの旋律がその後の楽章で戻ってくる、循環形式。一九世紀の使い方について書く前に、古くから存在していた循環手法について、ちょっとだけ説明します。一五、一六世紀の作曲家は、五つの部分から成るミサ曲を、同じ音楽素材で統一しようとしました。たとえば、あるグレゴリオ聖歌（次章で説明します）の旋律を、各部分のテノール声部に歌わせたり、全声部にちりばめたり。

この時代のミサ曲は、後の時代のオペラや交響曲のように、作曲家の力量を測る最重要ジャンル。複雑な技法が編み出されたのは、このためです。交響曲と異なり、〈キリエ〉〈グローリア〉〈クレド〉〈サンクトゥス〉〈アニュス・デイ〉の五部分は、ミサ典礼の中で続けて歌われるわけではありません。それでも作曲家たちは、循環する素材を用いて、統一感を与えようとしたのです。

ところで、一九世紀の循環形式の開祖（?!）は、ベルリオーズ。恋人の幻影を表す

「固定楽想《イデー・フィクス》」を、自伝的作品《幻想交響曲》（一八三〇）の全楽章で、形を変えながら使用しました。

でも、ベルリオーズよりも先に、前の楽章の音楽を循環させた作曲家がいましたね。そうです、ベートーヴェン。《運命》の終楽章で、第三楽章の幽霊スケルツォ（弱音で奏される、トリオの後のスケルツォ）が回想されます。また、（旋律とはいえないまでも）運命動機が変形されながら全楽章に使われ、全体を有機的に統一していますから、《運命》をロマン派循環形式の先駆とみなすことができるでしょう。

一八八〇年前後から流行したこの形式を、ドヴォルザークも《新世界交響曲》に取り入れていました。ホルンによる厳かな第一楽章第一主題（上がって降りる分散和音）が、すべての楽章に現れます。

第二楽章：イングリッシュ・ホルンの主題が戻ってくる直前にトロンボーンが大音響で
（九六小節―。前半の上行部分のみ）

第三楽章：第二トリオの直前にチェロ（一五四―）とヴィオラ（一六六―）が密やかに。
コーダでホルン&木管楽器が華やかに（二五二―）

第四楽章：展開部クライマックスの直前にファゴット、ホルン、低弦が力強く（一九〇―。

前半の上行部分のみ)。コーダ直前にファゴットと低弦が力強く(二七五―)

いずれも印象的！　でも、《新世界》で循環するのはこれだけではありません。ドヴォルザーク、さらに凝った構成を考えました。終楽章には、第二楽章〈家路〉の旋律と、第三楽章スケルツォの主題も現れます。しかも、第四楽章の第一主題も同時進行。ホルンやトランペットによる吼《ほ》えるような提示とは一変し、ヴィオラがひとりごとをつぶやくような形に変えられています［譜例4］。

　終楽章の中でそれ以前の楽章の素材を回想し全曲を統合する手法は、セザール・フランク(一八二二―一八九〇)の得意技(交響曲ニ

［譜例4］ドヴォルザークの循環形式。《新世界》第4楽章、155–160小節

短調やヴァイオリン・ソナタなどで使われています）ですが、ベートーヴェンの《第九》が先駆け。終楽章冒頭で、第一から第三楽章の一部がほぼそのまま引用されるからです。このように《新世界》では、ある主題や動機が他楽章に現れる《運命》型（より正確にはベルリオーズの固定楽想《イデー・フィクス》型）と、先行するすべての楽章の主題が最終楽章に現れる《第九》型（フランク型）の、両方の循環手法が使われています。

ドヴォルザークは、さらにもう一ひねりしました。メロディーだけではなく、ハーモニーも循環させたのです。第二楽章冒頭で管楽器が*ppp*で奏する、漂うような七つの和音。第一楽章の調であるシャープ一つのホ短調から、遠い遠い第二楽章〈家路〉の調、フラット五つの変ニ長調へと導く、コラール風の響きが、第四楽章のコーダに出現（二九九小節ー）。あちらこちらに顔を出す第一―第三楽章の主題を補強するように、*ff*で高らかに歌い上げられます。圧巻！

《新世界》というと、ドローンや五音音階、スピリチュアルとの類似性などがクローズ・アップされがち。確かに、民族音楽的な要素はこの曲の大きな魅力ですが、ドヴォルザークのオリジナリティーあふれる循環手法にもご注目ください。

マーラーが目指したもの

アマ・オケ奏者のあこがれ、オケ・ファンが大好きなマーラーの交響曲。特徴として、1編成がでかい、2曲が長い、3交響曲に異質なものを取り入れた、ということがあげられます。3について、二つの観点から考えてみましょう。

マーラーが交響曲に取り入れたものの一つは、歌曲。第二、三、四番交響曲には、ベートーヴェンの《第九》のような歌付きの楽章が含まれます。また、交響曲《大地の歌》は、実際にはオーケストラ伴奏付き連作歌曲集とでも呼ぶべきもの。《一千人の交響曲》のニックネームをもつ第八番は、実質的に二部から成るカンタータです。このように、完成させた交響曲一〇曲のうちの半数に歌が入りますが、それだけではありません。歌が含まれていなくても、歌曲と密接に関係している交響曲があるのです。たとえば、ソプラノ歌手ヨハンナ・リヒターへの失恋をきっかけに作られた歌曲集《さすらう若人の歌》（四曲すべて、作詞もマーラー）と、第一番交響曲。

この歌曲集第二曲〈今朝、野を行くと〉の「旋律」が第一楽章に使われていると解説されることがありますが、正確ではありません。旋律だけではなく、歌声以外のほぼすべて（歌の旋律を楽器に移し、オーケストラごと）が使われているからです。三節ある歌詞は、いずれも同じメロディーでさわやかに歌い出されますが、第三節だけはすぐに違うメロディーになります。マーラーは第一楽章提示部で、初めの二節の音楽だけではなく、これと異なる第三節の音楽も途中に挿入するという徹底ぶり。

　また、歌曲を交響曲に使うという単純なプロセスではなかったようです。マーラーが《さすらう若人の歌》のピアノ伴奏版を作曲したのは、一八八四－八五年。オーケストラ伴奏に編曲したのは、一八九〇年代でした。一方、交響曲第一番の第一稿（当時は二部構成五楽章から成る交響詩）の作曲は、一八八四－八八年。つまり、歌曲に基づいて交響曲を書き、さらにその交響曲を歌曲に転用したことになります（「歌曲の歌声以外をオーケストラごと交響曲に使った」のではなく、交響曲のオーケストレーションを歌曲に使ったのですね）。同じ歌曲集の第四曲〈二つの青い瞳が〉

［譜例5］マーラーの交響曲第5番　冒頭のファンファーレ

も第三楽章中間部に使われていますが、やはり主旋律だけの引用ではありません。これはもう、二つの間を行ったり来たりする、相互乗り入れの次元。マーラーは第一番交響曲に、相反する性格をもつ歌曲を融合させたというべきかもしれません。

交響曲に取り入れた異質なもののもう一つは、たとえばトランペット奏者なら誰でも吹いてみたい（から思わず吹いてみちゃう）、交響曲第五番の冒頭ファンファーレ［譜例5］のような例。マーラーはスコアの脚注に、「この主題のアウフタクトの三連符はつねにいくらか急いで（クワジ・アッチェレランド）軍隊のファンファーレのように演奏されなければならない」と記入。三連符って、意識的に長めに取らないと正確なリズムに聞こえません。つい速くなってしまう軍隊のラッパ手をまねしろという指示。交響曲なのに、いきなり軍楽隊の音楽で始まるのです。

しかも、このファンファーレ（の少なくとも一部）は、実際に軍隊で使われていました。「オーストリア＝ハンガリー帝国歩兵隊のための教練規定抜粋。ホルン／トランペットの信号と太鼓打ち」（『ブルックナー／マーラー事典』東京書籍）の中の「注意！」の信号［譜例6］は、ソロ七小節目のアウフタクトと同じ音型ですね。このファンファーレに続く葬送行進曲の、規則的な四度下降の動きは、同資料によると騎兵隊、砲

［譜例6］「注意！」の信号

兵隊、輜重隊用《しちよう》「常足《なみあし》（Schritt）」の信号です。

一八六六－一九一八年はオーストリア軍楽の最盛期。彼の故郷イーグラウにも連隊が配置されていました。アンリ＝ルイ・ド・ラ・グランジェはマーラーの伝記の中で、「幼いマーラーは軍楽も知って喜んだ。イグナツを拠点とする歩兵連隊があり、兵隊たちは彼の家の側を、行進しながら歌を歌っていた。（中略）三歳の誕生日にマーラーは小さいアコーディオンを贈られた。この楽器で彼はすぐ、たくさんの歌と行進曲、また兵営のトランペット信号を完璧に弾くことになる」と伝えています。マーラーはおそらく、これらを意図的に使ったのです。

軍楽だけではありません。同じく「常足」で始まる交響曲第一番の第三楽章。葬送行進曲の途中で、ブンチャッ、ブンチャッというお葬式には似つかわしくない音楽が始まります。マーラーによるとこれは、ボヘミアの村のバンドの粗野で凡俗な馬鹿騒ぎ。「屋外で行われる葬式の場合は慣習的に吹奏楽が使われ、終わった後は楽しげなポルカや行進曲を響かせながら近くの飲み屋に向かって行くというのが常であった」（リー著、渡辺裕訳『異邦人マーラー』）そうです。

マーラーの交響曲には、彼が実際に耳にしていたと思われる軍隊のラッパ信号や通俗音楽が使われています。このような実用音楽は普通、交響曲には用いられません。しかも、ブンチャッ、ブンチャッのように、唐突に出てくることも多いのです。

交響曲の歴史の中で最後の巨匠の一人と見なされるマーラー。指揮者として超多忙な、しかも決して長生きとはいえない五〇年ほどの人生の中で、一〇曲の交響曲を完成させました。このために費やされた時間や労力は、彼が、交響曲を器楽における最重要ジャンルとみなす、ベートーヴェン以来の伝統を受け継いでいたことを示しています。その一方で、交響曲と正反対な性格をもつ歌曲を交響曲に取り入れ、ときには融合させてしまったり、あたかも交響曲のシリアスさを茶化すかのように、鳥の声などの自然音や実用音（楽）を取り込んだりしています。伝統的な交響曲の枠組みの中にかろうじて留まりつつ、従来の在り方からなるべく離れようとしたかのようです。彼のこの姿勢は伝統への挑戦であり、彼が生きた世紀末における交響曲の存在意義への問いかけだったといえるでしょう。

COLUMN

入退場も音楽的に

　とあるアマチュア・オーケストラの演奏会での経験です。なんだかとても退屈。演奏自体は悪くないのにと不思議だったのですが、コンサートが進むうちに気づきました。演奏者入場の流れが悪いのです。

　上手と下手から一列に並んで入ってくるのですが、出入り口が狭いのか、晴れ舞台で緊張しているのか、皆が席に着くまでに妙に時間がかかる。団員が着席した後にコンマスが出てくるまでに間、指揮者が出てくるまでに間。このため、タクトが振り下ろされて音楽が鳴り出す前に、「待たされてる」感がどんどん蓄積。それを毎回（三曲で三回）繰り返されて、最後はなんだか、音楽の流れまで重くなったように感じられました。

　音大生オケの入場は、（授業の一貫ですから当然といえば当然ですが）流れるようにスムーズ。ウインドアンサンブルの入場は、きびきびしていてさらに見事（吹奏楽コンクール経験者が多いせいかもしれません）。プロ・オケ団員は、席順などあまり構わずにばらばらと入ってきますが、次々にすっと席に着いてすっと静まって、すっと音楽が始まる感じ。もちろん、プロ・オケの場合、聴衆も演奏会に慣れている人が多く、曲の始まりを待つ体勢がごく自然にすばやくとれるのかもしれませんが、音が鳴り始める前にすでに流れが始まっているようです。

　この経験で、コンサートは予鈴から始まっていると改めて考えさせられました。決して急ぐ必要はないものの、流れの悪い団員（コンマス、指揮者）入場は、コンサートのマイナス要因になる可能性があります。団員は、すっとステージに出てすっと座りすっと静まって、聴衆に「聴く」準備を促しつつ、なごやかに指揮者の入場を待つ。当たり前のことですが、舞台上の自然な流れが、音楽の良い流れにつながるのです。もちろん、入場だけではなく、退場の際も気を配るべき。演奏が終わったらそれでおしまいではありません。

　みなさんが所属している（あるいは聴いている）オケの入退場は、果たして音楽的でしょうか。今まであまり気にしたことがない方が多いと思いますが、実は演奏会全体の印象を左右しかねない問題。自分も含め一人一人が、流れを乱さないように気をつけなければと思います。

第3楽章

オーケストラ誕生までのはるかな道

西洋音楽史の時代区分

交響曲が器楽の最重要ジャンルになったのは、ベートーヴェン以降。長い長い音楽の歴史の中で、最近二〇〇年のことです。「交響曲《シンフォニーア》」の源を入れても三〇〇年。それでは、交響曲が生まれる前には、何があったのでしょう。

西洋音楽史は、私たちがもっぱら聴いたり弾いたりする調性（長調・短調に基づく）音楽の時代と、調性が成立する前の時代、調性が崩壊した後の時代の三つに大別できます。ただこれでは大雑把すぎるので、世界史や他の文化史も参考に、たとえば次のように区切ります（区分はあくまで目安。各時代はオーバーラップしています。調性音楽の時代は4－6です）。

1　古代ギリシア・ローマ
2　中世（五世紀－一四世紀）
3　ルネサンス（一五－一六世紀）

4　バロック（一六世紀末－一七五〇年）
5　古典派（一八世紀半ば－一九世紀初め）
6　ロマン派（一九世紀）
7　二〇世紀（現在まで）

オーケストラの演奏会は、主に古典派とロマン派をレパートリーにしています。古典派はウィーン古典派の三巨頭、ハイドン、モーツァルト、ベートーヴェンの時代。ベートーヴェンが亡くなるまでを古典派と定義する説明もありますが、一八二七年没のベートーヴェンの晩年の作品には、ロマン派的な要素も含まれています。オーケストラのレパートリーの大部分はロマン派時代に作られました。シューベルトはベートーヴェンより一年しか長生きしていませんが、音楽の内容からロマン派に入れるのが普通です。

以前はロマン派音楽の次を現代音楽と呼んでいましたが、最近はこの言葉をあまり使わなくなりました。二一世紀に入った現在、どこから「現代」と定義するか難しいのでしょう（たとえば、一九一三年作の《春の祭典》は現代音楽か？　一九二八年作の《ボレロ》は現代音楽か？）。一九〇一年以降の作品を二〇世紀音楽と呼ぶのはいささか安易かもしれませんが、この時代の音楽は多種多様で、共通する特徴を見つけるのは困難。便宜的なくくりです。同様にロマン派の音楽についても、ドヴォルザークやムソルグスキーなどの国民楽派や、ドビュッシーの印象主義のような音楽が含まれるのだから、一九世紀音楽と呼ぶべきだという意見もあります。

バロック時代を代表する作曲家はヴィヴァルディ、バッハ、ヘンデルなどですね。ルネサンス時代を代表するのは、カトリックのミサ曲をたくさん作ったパレストリーナや、金管楽器奏者の方々にはおなじみのジョヴァンニ・ガブリエーリ。中世の音楽といわれたら、グレゴリオ聖歌を思い浮かべてください。古代ギリシア時代の楽譜の断片は現存しますが、後世に大きな影響を与えたのは、むしろこの時代の音楽理論でした。

オーケストラは「踊り場」だった!?

古代ギリシア時代から見ていきましょう。実際の音の響きはわからないものの、西洋音楽史において古代は、「音楽」という言葉やその概念を考える上でとても重要。実は、オーケストラという言葉も、古代ギリシアまで遡《さかのぼ》るのです。

アイスキュロス、ソポクレス、エウリピデスに代表されるギリシア悲劇や、アリストパネスのギリシア喜劇は、台詞《せりふ》が交わされるのではなく歌い踊られる、オペラのような音楽劇でした（本当は、この言い方は逆。オペラは、古代ギリシア劇を復興する中で生まれたのですから）。コロスと呼ばれる合唱隊が配置され、劇の進行に応じて彼らが歌ったり踊ったりする円形スペースの名前が、オルケストラ［図4］。

野外劇場は多くの場合、山の斜面を利用してすり鉢型に作られました。テアトロンと呼ばれる観覧席がとり囲むのが、円形の舞踏場オルケストラ。初めは、オルケストラの向こうに、衣装替えなどのためのスケネと呼ばれる楽屋のような建物があるだけでしたが、やがて俳優たちが演技するスペースを広げるため、プロスケニオン（「スケネの前」という意味）と呼ばれる舞台が設けられ、オルケストラは舞台と客席の間に位置することになりました。

時代は下って一六三七年。ヴェネツィアに史上初

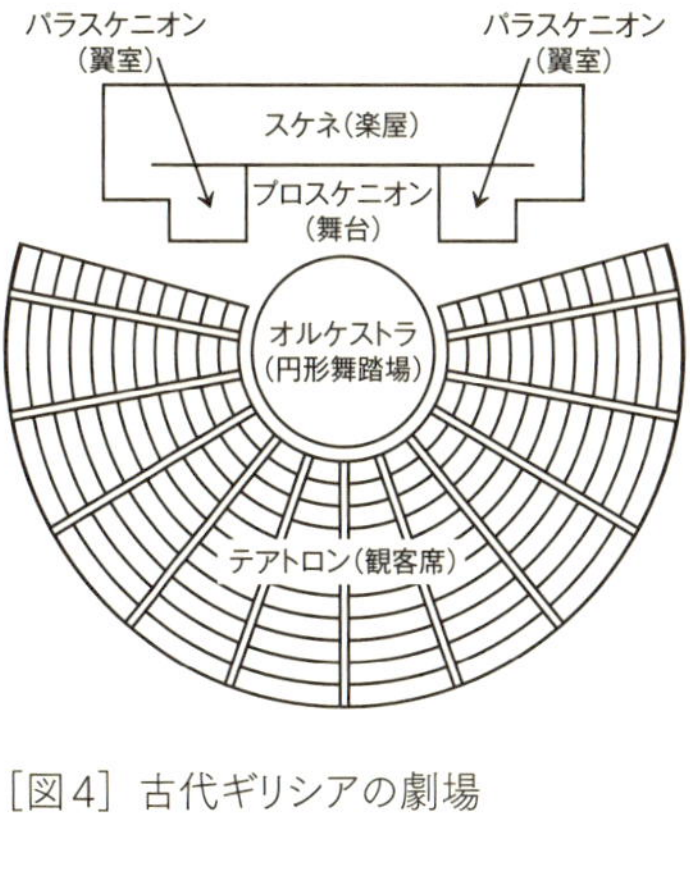

［図4］古代ギリシアの劇場

の公開オペラ劇場サン・カッシアーノが建てられたとき、歌を支える楽器奏者のためのスペースは舞台と客席の間に置かれ、古代ギリシアにならってオルケストラと呼ばれました。その言葉がやがて、ここで演奏する合奏団を指すようになったのです。ジャン＝ジャック・ルソーが『音楽辞典』の中で、オーケストラを合奏団員全体の集合と定義していることから、一八世紀半ばには現在の意味が一般的になっていたようです。すでにお気づきかもしれませんが、コロスはコーラス、テアトロンはシアター、スケネーはシーン（場面）の語源になりました。

音楽は数学だった⁉

古代に続く時代区分、中世。西洋における中世は、五世紀頃から一四世紀頃までの約一〇〇〇年間と、かなりアバウト。古代ギリシア・ローマ時代の後、その素晴らしかった古代の文化を再興しようとしたルネサンス時代（Renaissance はフランス語で「再生」の意)

までの間の、何もない「中間の世紀」を指したからです。もとはネガティヴな意味合いをもつ時代区分でした。

キリスト教（より正確にはローマ・カトリック）が世の中の土台を形作っていた中世ヨーロッパ。古代ギリシアの数比に基づく音楽論が継承され、キリスト教神学のもとで発展します。中世の高等教育機関（初めは修道院や教会の付属学校、一二世紀以降はヨーロッパ各地に設立された大学）において音楽は、教養人が学ぶべき自由学芸（アルテス・リベラーレス）の一つとして、必須の学でした（この本の出版社アルテスパブリッシングの社名も、この自由学芸に由来するのだそうです）。自由学芸は七科目あり、トリヴィウム（ラテン語でtriは「三」、viumは「道」で、三科目の意）と、クワドリヴィウム（quadriは「四」で、四科目）に分けられています。

トリヴィウム　　文法・修辞学・弁証法
クワドリヴィウム　算術・幾何学・天文学・音楽

まず初めに言葉を学び、言葉で表現する技術を身に付け、それから数の学問を学ぶのです。算術、幾何学、天文学はともかく、音楽も?!

万物の根源を数と考えた、紀元前六世紀のピュタゴラスやピュタゴラス派の人たちは、音程の協和と不協和を弦の長さの比で説明しました。弦の長さを半分にすると一オクターヴ上の音が鳴ります。つまり、オクターヴを作る弦の長さの比は二対一。同様に、五度を作る弦の長さの比は三対二、四度を作る弦の長さの比は四対三です。彼らは、協和する響きを作るのはこれらの単純な比の音程であり、複雑な比の音程は不協和と考え、この協和音の数比を自然や宇宙の形成原理にもあてはめようとしました。このような数学的な音楽論が、中世にも受け継がれたのです。

中世における音楽は数の学問であり、私たちが思い浮かべる音楽と大きく異なっていました。ボエティウス（四八〇頃―五二四）が書いた『音楽提要（*De institutione musica*）』（『音楽教程』とも）は古代ギリシアの音楽論を中世に伝え、後世に大きな影響を与えた音楽理論書ですが、音楽を次の三つに分けています。

1　ムジカ・ムンダーナ（宇宙の音楽）：宇宙全体の調和
2　ムジカ・フマーナ（人間の音楽）：肉体と魂の調和
3　ムジカ・インストゥルメンターリス（道具・器官の音楽）：実際に鳴り響く音楽

最も下位に置かれたムジカ・インストゥルメンターリスが、現在私たちが音楽と呼んでいるもの。器楽だけではなく声楽も含まれます（喉の器官で作り出される、実際に鳴り響く音楽なので）。他の二つは聞こえませんが、たとえばムジカ・ムンダーナについてボエティウスは、天体は規則正しく速い速度で動いている（天動説ですね）のだから、私たちの耳には聞こえないけれど音が響いているのだろうと考えました。実際に聞こえる音楽は、音楽のごく一部にすぎなかったのです。

中世において音楽は、それを通して自然や宇宙のしくみを探求する、数学（より正確には数の学問）の一部門と位置づけられていたのですね。わかったような、わからないような……。

一〇〇〇年前の楽譜、ネウマ譜

世の中がキリスト教によって支配されていたとはいえ、中世の音楽はムジカ・フマーナとかムンダーナとか、理論ばかりだったわけではありません。教育機関では、神に捧げる音楽であるグレゴリオ聖歌を歌ったり作ったりする音楽実践も行われていました。

グレゴリオ聖歌は、カトリック教会の強化と典礼改革を行った教皇グレゴリウス一世（在位五九〇－六〇四）にちなむ、いわばニックネーム。正式名称は「ローマ聖歌（カントゥス・ローマーヌス）」といいます。ヨーロッパ各地で用いられていた異なる聖歌の中で、八世紀にローマ教皇によって正式に認められた聖歌という意味です。次のような特徴があります。

・主旋律のみ（単旋律、あるいはモノフォニーと呼ばれる）。したがって、無伴奏
・歌い手は男性（女子修道院などは例外）
・歌詞はラテン語（多くは聖書から）
・八種類の教会旋法（モード）で分類されている
・現在まで伝統が続いている

このグレゴリオ聖歌は、ネウマという記号で記譜されました。それでは、約一〇〇〇年前の楽譜、ネウマ譜に存在しなかったものは、次のどれだと思いますか？

1　小節線
2　音部記号（ト音記号など）
3　譜線（五線など）

ネウマは黒くて四角いことをご存知の方もおられるでしょう［譜例7］。ネウマ譜の譜線は四本。祈りの言葉をぼそぼそ唱えるよりも、節をつけて歌った方が神様にも喜ばれるだろうと生まれた（と思われる）グレゴリオ聖歌。歌といっても音域が狭いので、四線譜で十分でした。現代でも、グレゴリオ聖歌集は四線のネウマ譜で記されます。

音部記号もありました。［譜例7］の、二人の天使が飛んでいる細密画が描かれたhのイニシャルの右側は、ヘ音記号。現在

［譜例7］四線譜に四角いネウマで書かれたグレゴリオ聖歌《今日シモン・ペトロが（Hodie Simon Petrus）》。イタリア：フィレンツェ、1380年頃

と同様、右側の二つの点に挟まれた線がファですから、最初のネウマはド。ドの右肩にくっついているのはレ。ここには使われていませんが、ハ音記号（現在、ヴィオラの記譜に使われますね）も使われました。ヘ音記号もハ音記号も、四線のどれにでも付けられます。［譜例7］のヘ音記号は、一段目と二段目は上から二本目の線上ですが、三段目は上から三本目の線上ですね。聖歌の歌い手は男性だったので、ト音記号はありませんでした。ということは、三つのうちで一〇〇〇年前に存在しなかったのは、小節線だけ？

黒く四角いネウマは、一三世紀頃から一般的になった新しいタイプ。それ以前は、地域によってネウマの形や書き方が異なっていました。［譜例8］は、一一世紀初め頃から南フランスで使われた、アクィタニア式記譜法で書かれています。ラテン語の祈りの言葉（歌詞）の間の、黒い点々がネウマです。小節線はもちろん、音部記号もありません。だ

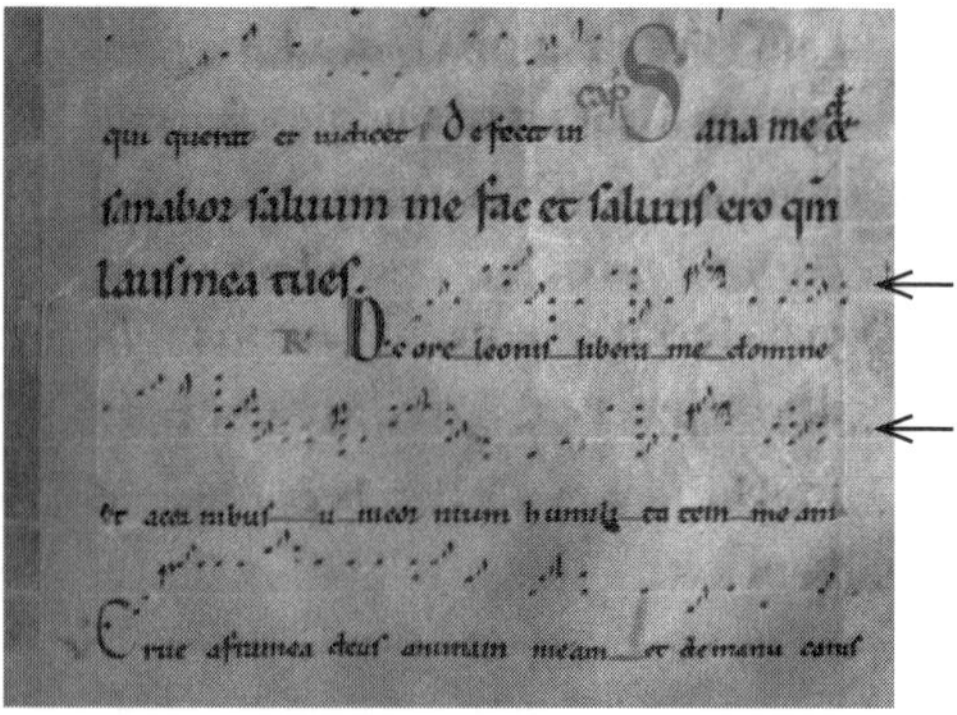

［譜例8］一線譜に小さな丸いネウマで書かれたグレゴリオ聖歌《獅子の口から（De ore leonis）》。スペイン：マンレザ、年代不詳（photo: Joan）

いたい、音部記号を書くにも線がないし……。
あれれ、歌詞と歌詞の間に白っぽい線が見えます。これが譜線。先が尖ったもので、羊皮紙を傷つけてあるのです。まるでこの線の上下に等間隔に線が引かれているかのように、音符の高さが揃っています。これなら、歌うことができますね。というわけで、一〇〇〇年前の楽譜に存在しなかったのは、小節線と音部記号。もちろん、さらに古い時代には、譜線もありませんでした［譜例9］。

私たちが日頃お世話になっている楽譜は、数えきれないほどあるグレゴリオ聖歌の覚え書きとして始まりました。聖歌の歌詞の上に、旋律線を示すような簡単な印（ネウマ）を記し、メロディーを思い出せるようにしたのです。一一世紀初め頃に譜線が一本刻まれるようになり、その後、譜線がインクで書かれる→譜線が増える→音部記号の導入と進み、正確な音高表記が可能に。小節線が加わるのは、まだまだ先です。

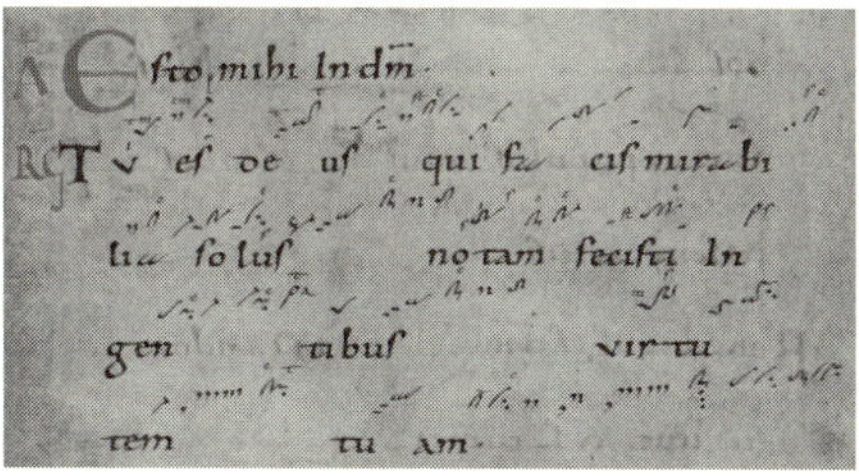

［譜例9］譜線なしで細い線のネウマで書かれたグレゴリオ聖歌《あなたは神（Tu es Deus）》。スイス：ザンクト・ガレン、900年頃

ドレミの元

いつも何気なく使っている階名ドレミ。どうしてディン・ドン・デン・ドゥン・ダンとか、クン・シャン・チャオ・チュ・ユとかではなく（前者はインドネシア、後者は中国のドレミにあたります）、ド・レ・ミ・ファ・ソ・ラ・シなのか、これが何に由来するのかご存知ですか？

一一世紀の僧グイード・ダレッツォ（九九〇年代－一〇三三以後）が起源。グイードは、音の高さとシラブルを対応させて歌う「ソルミゼーション」を考案しました。洗礼者ヨハネの誕生の祝日（六月二四日）に用いられる、賛歌という種類のグレゴリオ聖歌《貴方の僕たちが（Ut queant laxis）》は、六つの句の初めの音が一つずつ高くなっていきます（[譜例10]の○で囲まれた音参照）。そこで、グイードは各句の最初のシラブル ut re mi fa sol la をそれぞれの音の名前にしたのです。このウト・レ・ミ・ファ・ソル・ラの六つが、ドレミの元の形です。

グレゴリオ聖歌は数えきれないほどありました。ほぼ口伝の時代ですから、覚えるのが大変！　でも、この六つのシラブルとそれぞれの音の関係を覚えておくと、

・知らない旋律を聞いたとき、ウト・レ・ミで書き取ることができる
・読めない記号で書き付けられた知らない旋律を、ウト・レ・ミに対応させて覚えることができる

一七世紀初めに七つ目のシが加えられました。賛歌の最後の「聖ヨハネ（Sancte Ioannes）」の頭文字SIからといわれています（ラテン語にJはありませんでした）。歌いにくいウトをドに変えて、ドレミファソラシが完成。私たちも中世の僧たちと同じように、新しい旋律を歌ったり覚えたりするときに、お世話

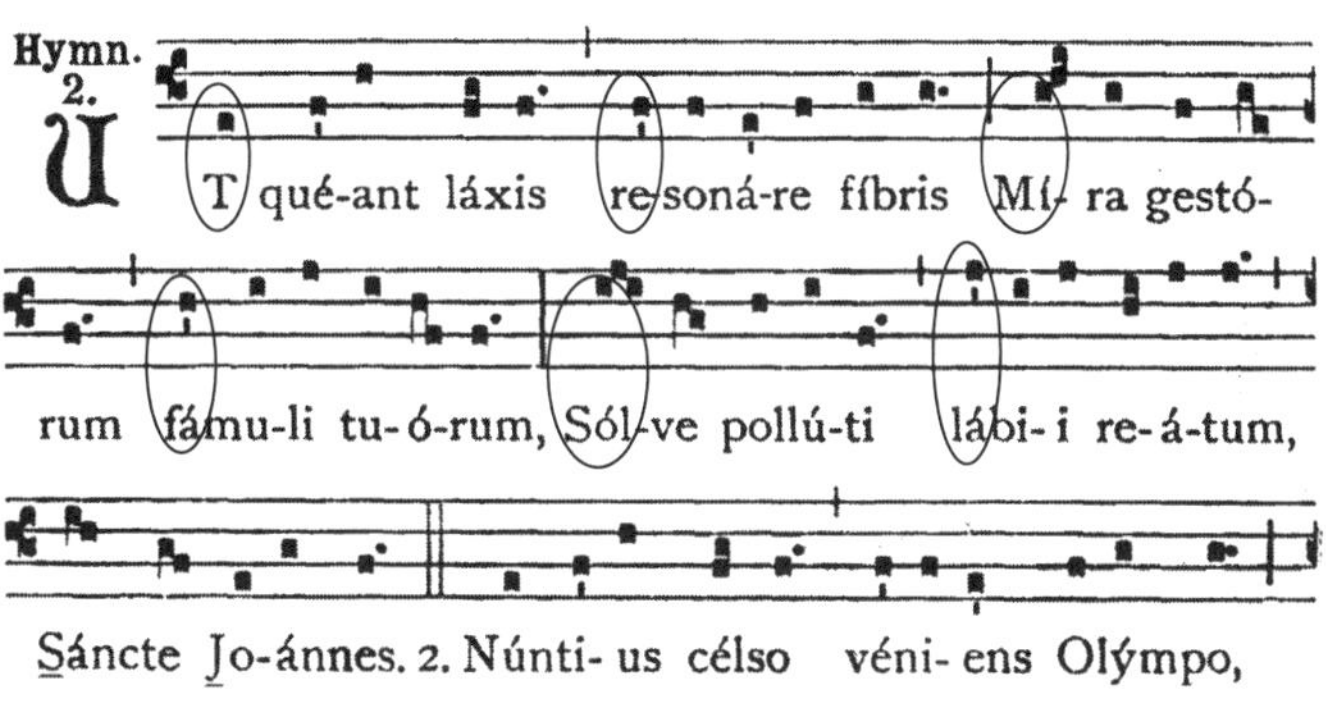

［譜例10］《貴方の僕たちが（Ut queant laxis）》

になっています。

ut re mi fa sol laは、五種類すべての母音と、それぞれ異なる六種類の子音の組み合わせ。このバラエティーに富んだ六つのシラブルから始まる《貴方の僕たちが》の各句の最初の音が、ちょうど一音ずつ高くなっていたなんて、素晴らしい偶然だなと思ったあなたは鋭い！　実はこの賛歌、歌詞は九世紀まで遡《さかのぼ》ることができるのですが、旋律はグイードより古い時代の記録がないのです。そのため、グイードがソルミゼーションのために自分で作曲したか、あるいは現在は失われた既存の旋律を作り直したのだろうと考えられています。

アルトは高い

女声の低い方のパートをアルトと呼びますね。でも、アルトはイタリア語で「高い」という意味です。矛盾している？　いえいえ、「テノールよりも高い」声部です。現在、高い男声を指すテノールは、中世以来、とても重要な役割をもつパートでした。中世の音楽が私たちに馴染みのある音楽にどのように近づいてきたか、見てみましょう。

グレゴリオ聖歌は、メロディー一本だけのモノフォニー。バス・ラインも和音もありませんでしたが、やがて、より豊かな響きを求めて対旋律が加えられるようになります。二つ以上の旋律から成るポリフォニー（多声音楽）の誕生です。九世紀末の理論書には、聖歌の各音の下に新しい音を一つずつ加えるシンプルな方法が書かれています。一二世紀になると、聖歌よりも高い音域に、自由で装飾的な対旋律が作られるようになりました。聖歌の一つ一つの音は長く引き伸ばされます。その上の新旋律は一つの母音でたくさんの音が歌われます。グレゴリオ聖歌のような既存の旋律を「定旋律」、それを受けもつ声部をテノール（ラテン語で「保持する」を意味するtenereから）、上声を「ディスカントゥス」（ラテン語で「別々の歌」の意）と呼ぶようになりました。

対旋律をもう一つ加えて、三声のポリフォニーも作られました。一四世紀、三つ目の声部はコントラテノール（「テノールに対する」の意味）と呼ばれます。テノールの音域で旋律が作られたからです。でも、音域は同じでも中身は対照的。コントラテノールや、カントゥス（ラテン語で「歌」）とかスペリウス（ラテン語で「最上の」）と呼ばれた上声が自由に細かく動くのに対し、テノールは相変わらず、定旋律を長い音符で歌っていました。

ルネサンス時代に入って、一五世紀には四声部がスタンダードに。声部名も四つ必要になりました。コントラテノールがコントラテノール・バッスス（「テノールに対して低い」声部）とコントラテノール・アルトゥス（「テノールに対して高い」声部）に分かれます。長い名前の一部が省略されて、四つの声部は

ラテン語：スペリウス（カントゥス、ディスカントゥスとも）、アルトゥス、テノール、バッスス

イタリア語：ソプラノ（カント、ディスカント）、アルト、テノーレ、バッソ

と呼ばれるようになりました。四声部は、豊かな響きを得るための最少の単位。この組み合わせは、一四五〇年頃から現在に至るまで使い続けられています［図5］。

名前が揃っただけではありません。構成の仕方も変わってきました。初めはテノールの定旋律に合わせてそれぞれの対旋律が作られたため、対旋律同士の音がぶつかることもありました（大目にみられました）。複数の旋律で構成されるポリフォニーは、横の音楽。縦

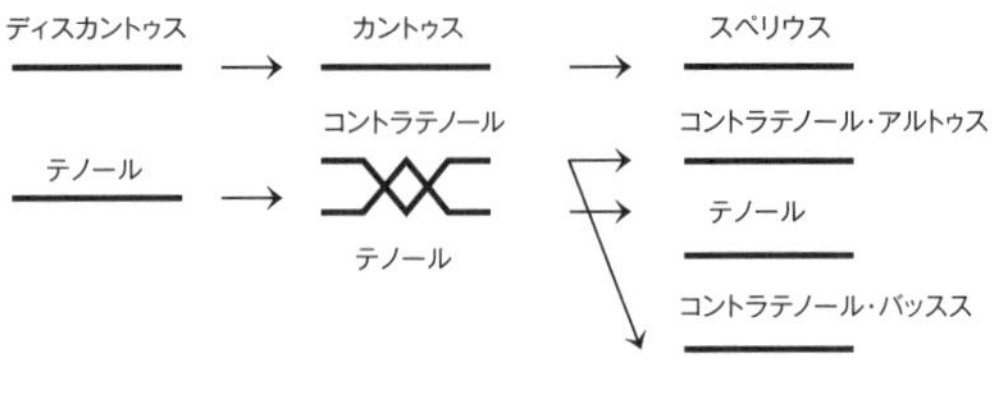

［図5］四声書法の発展

の響きは、声部間の音の重なりによってその瞬間に偶然生じるものでした。

しかし、最低声部がテノールからバッススに変わったために、現在、私たちが親しんでいる、旋律とそれを支える和音という縦の音楽（ホモフォニー）にぐっと近づきました。テノール声部が受けもつ既存の旋律の動きにしばられず、自分で作った低音の上に意図的に音を重ね、縦の響きをコントロールできるようになったのです。もちろんこの間にも作曲家たちは、内声（になってしまった）テノールでは聴き取れないから、大事な定旋律（聖歌）を一番上のカントゥスに歌わせちゃおうとか、逆にテノールならあまり聞こえないから（!?）、流行歌や、恋愛を歌った世俗曲の旋律を宗教曲の定旋律として使っちゃおうとか、ポリフォニーならではの様々な試みも続けるのですが。

主旋律ともいえる定旋律を担っていたため、別格だったテノール。音符を長く保持しながら歌うから「tenere（保つ）」→テノールと呼ばれたと考えられてきましたが、最近では、ポリフォニーの構造を「しっかりと支える」声部だからとも考えられるようになったそうです。

三分割から始まった！

病気の息子を抱いた父親が、嵐の中、馬を走らせるというゲーテの詩「魔王」。シューベルトがつけたピアノ伴奏は、最初からずーっと三連符。疾走する馬の描写ですが、心急《せ》く様子、不気味さ、ただならぬ雰囲気を醸し出しています。

二本足で歩く私たち、二拍子系の拍子は生まれつき身についています。特に日本人は、地面にどっしり足をつけた農耕民族。三拍子には縁がありませんでした（騎馬民族なら、早馬のリズムから三拍子を体感できた？）。民謡はもちろん、唱歌・軍歌・童謡もほとんどが二拍子系。ぱっと思い浮かぶ例外は、「ぞーうさん、ぞーうさん、おーはながながいのね」の《ぞうさん》（團伊玖磨作曲）と、「うーさーぎーおーいし」の《故郷》（文部省唱歌）くらい。

一拍を三等分する三連符は、さらに人工的で不安定。三拍子の舞踏が珍しくないヨーロッパにおいても、同様なはずです。作曲家が三連符を使うのは、単に、八分音符ではもの足りなくて一六分音符では細かすぎるから、ではないでしょう。《魔王》のピアノ伴奏も、三分割特有の不安定さをうまく利用しています。

ところが!!　西洋音楽の歴史において最初に生まれたのは、三分割でした。三はキリスト教の三位一体を象徴する神聖な数。このため三等分は、より完全な分割法と考えられたのです。それに対して二分割は、不完全分割と呼ばれました。

グレゴリオ聖歌の記譜に使われたネウマは、音高を示すことはできますが、音価を示すことはできませんでした。現在のような、音符の形によって音価を表す記譜法（定量記譜法と呼ばれます）が考えられたのは、一三世紀後半頃。一四世紀になると、長い音符を三つの短い音符に完全分割することと、二つに不完全分割することが可能になりました。ブレヴィス（■）をセミブレヴィス（◆）に分けるときに二種類、そのセミブレヴィスをミニマに分けるときも二種類。これらを組み合わせた四種類の体系が［図6］です。

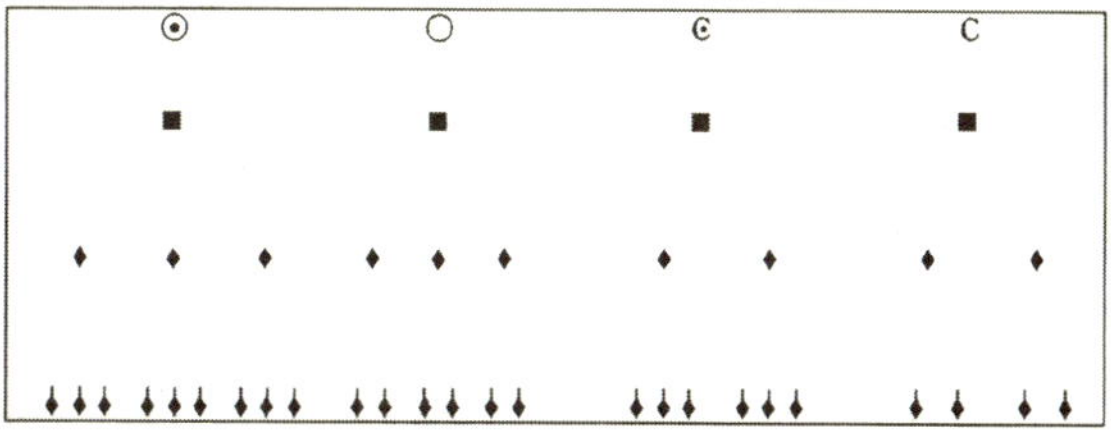

［図6］ブレヴィスの分割

各分割を表す記号（メンスーラ記号）も考え出されました。様々な記号の中で生き残ったのが、［図6］の最上段。円は完全を表す記号で、一番左の⊙は、ブレヴィスからセミブレヴィスへも、セミブレヴィスからミニマへも完全分割であることを示します。左から二番目の○は、ブレヴィスからセミブレヴィスへのみ三分割で、セミブレヴィスからミニマは二分割の印です。一方、ブレヴィスからセミブレヴィスが不完全分割の場合、右側二つのように円ではなく右側が欠けた半円の記号が使われました。

あれれ、一番右側の記号⁉　そうです。現在、四分の四拍子を表すCの記号を、普通拍子（四分の四拍子）という意味の英語common timeのCと思っている方がいるようですが、本当はアルファベットのCではありません。一四世紀に、不完全分割を表す記号として工夫された半円形です（実際に楽譜に使われるようになったのはもっと遅いようですが）。それ以来何百年もの間、二分割＝不完全であることを示し続けているのです。

COLUMN

考えて弾いていますか？

楽器を弾く（吹く・叩く）ときに、考えながら弾いていますか。明日の仕事の段取りや夕ご飯の献立を考えるのではありません。自分が演奏している音楽について、考えながら弾いていますか。次はファのシャープだとか、アクセントが付いているとか、そういうことでもありません。曲のイメージを考えながら弾いていますか。楽しみながら弾くことと同様、考えながら弾くことはアマ・オケ奏者にとってとても重要です。

同じ人が同じ楽器を同じように弾いても、そのときの気持ちが投影されて違う響きの音になるのは、みなさんも経験済みだと思います。たとえば、忙しかったりストレスがたまってイライラしているときの音は、落ち着いたときに比べてなんとなくガサガサ、キンキン聞こえませんか（その音で、さらにイライラが募ることも……）。

先に否定的なケースを書きましたが、逆にまた真。考えながら弾く、音楽のイメージを思い浮かべながら弾くことによって、そのイメージに近い音が出るはずです。たとえば、ヴィヴァルディの《四季》から《冬》の第二楽章。チェンバロは八分音符の連打。何も考えないと、ぶっきらぼうになりかねません。でも、この協奏曲集はソネット（一四行から成るイタリア語の定型詩）に添って作られていましたね。《冬》の第二楽章は、この部分。

外で氷雨がしとしと降るとき
炉辺で満ち足りた日を過ごし

（服部幸三訳。同『バロック音楽のたのしみ』）

の部分。居心地のよい部屋の中の、家族や友達とのなごやかなひとときをイメージしながら弾いてみてください。単純な八分音符のパターンも、不思議とそんな響きになるはずですから。

オーケストラの演奏では、強弱の指定やカデンツの位置などに基づく、全員で共有すべきイメージもありますが、それだけでは不十分。各自が「考えながら弾く」「自分のイメージをもって弾く」ことは、アマ・オケ奏者が楽譜を音にするだけの演奏から脱却するための、重要なポイントです。「楽しんで弾く」ことと同様、練習しないと身につきません。

《四季》のような解説付きの曲以外は、自分でイメージを考える必要があります。初めは大変ですから、時代や国籍が異なる音楽を比べてみたらいかがでしょうか。たとえば、同じバロック時代の曲でも、バッハの《ブランデンブルク協奏曲》はかっちりした感じ、ヴィヴァルディの《四季》は生き生きした感じとか。それに対して一九世紀末のエルガーは憂いを帯びた感じとか、そんな漠然としたもので十分。曲全体を考えるのが難しければ、特定の部分のイメージを考えるのもよいですね。たとえば、期待はずれで苦笑いさせられる感じとか、どんどん怒りがたまって爆発寸前の感じとか。

自分のソロ部分があったら、ぴったりのイメージが見つかるまで考えてください。ずっと遠くまで音が響き渡る感じ？　高いところから静かに音が降りてくる感じ？　自分のイメージを思い浮かべながら演奏することで、自分らしい（自分だけの）ソロになります。アマ・オケ奏者は、プロのように自分のイメージに合う音を作り出すことは難しいですが、考えながら弾くだけでイメージに近づきます。ソロがなければ、長い交響曲の中で自分が一番好きな部分のイメージを考えるところから、始めてみてください。

第4楽章　バロック時代の常識!?

いびつな真珠

音楽史の時代区分の一つ、バロック時代。このバロックという言葉が「いびつな真珠」を意味するポルトガル語「バロコ」に由来するという説は、よく知られていますね。ビーズ専門店で売られている、様々な形の「バロック・パール」と同じバロックです。真珠は真円《まんまる》であることに価値があります。バロックだということは、歪んで価値がないということ。啓蒙思想家ルソーは、『百科全書』補遺（一七七六）の中で次のように定義しています。

音楽におけるバロック。バロックな音楽というのは、和声が混乱し、転調や不協和音が多すぎ、音の抑揚が難しく、そして無理な動きをしているような音楽を言う。

（服部幸三訳。同『西洋音楽史：バロック』）

ずいぶんひどい言われ方ですね。これはどういうことでしょうか。たとえばバロック音楽の最重要ジャンルであるオペラでは、登場人物の感情が聴衆にしっかり伝わるように、大げさでストレートな表現が必要です。悲しみや怒りなどを表すには、不協和音や突然の転調が使われました。ルネサンス時代に重視された均整や調和よりもむしろ、動きが求められます。このような新しい感情表現の手法は、保守的な人々の耳には不快だったのでしょう。声楽や器楽の即興に用いられる装飾が、ときに大げさで悪趣味だったかもしれません。中世のようにバロックも、もともとネガティヴな意味をもつ時代区分名でした。

しかし、一九世紀末から二〇世紀にかけて、美術史家ヴェルフリンらによって、まずバロック芸術の中の美術が再評価されました。軽蔑的な色合いを取り除き、前のルネサンス時代とは対照的な、独自の様式と性格の価値を認めたのです。この考え方を民族音楽学や楽器学の分野で有名なザックスが音楽史に導入し、「バロック音楽」という論文を書いたのが一九二〇年。フランスではデュフルクのように、ラモー、クープランなどが活躍した一七、一八世紀をバロックという名称で呼ぶべきではないと主張する学者もいましたが、今日では語源のネガティヴな意味は薄れ、バロック音楽は、率直でいきいきとした感情表出や、躍動感あふれる音楽と捉えられています。

バロック時代はなぜ一七五〇年までか?

音楽史の時代区分(84頁)の中でバロック時代の終わりだけ、きっかり一七五〇年までと書きました。他の区分に合わせて一六世紀末から一八世紀半ばまでと書くべきかもしれませんが、あえて数字を書いたのは、私自身がバロック時代を一六〇〇年から一七五〇年までと習ったからです。

以前はバロック時代の起点を、この時代を特徴付ける音楽ジャンルが成立した年にしていました。一六〇〇年は、楽譜が現存する最古のオペラ、ペーリとカッチーニ共作による《エウリディーチェ》が上演された年。これまでは音楽といえばほとんどが無伴奏の声楽でしたが、一六〇〇年以降、声楽と器楽が一緒に演奏される新しい音楽形態オペラが、たくさん作られるようになります。

一方の一七五〇年は、ヨハン・ゼバスティアン・バッハの没年。この時代最大の作曲家の死を終点としたのです。ただ、なぜヘンデルでなくてバッハの没年なのかとつっこまないでくださいね。同じ一六八五年生まれの二人ですが、生前は、ドイツのローカル作曲家バッハよりも、国際的に活躍したヘンデルの方がずっと有名でした。ただ、ヘンデルが亡くなったのは一七五九年。区切りに使うには、ちょっと半端……。

現在では、バロック時代の開始をもう少し早めて考えます。オペラは一六〇〇年に突然出来上がったわけではないからです。一六世紀末にフィレンツェで、カメラータと呼ばれる知識人たちのグループ（上述のペーリやカッチーニ、地動説で有名なガリレオ・ガリレイの父で歌手のヴィンチェンツォ・ガリレイなどが属していました）が、古代ギリシア劇の復興を目指して、より効果的な音楽表現を探求したのがきっかけで、オペラが誕生しました。その試行錯誤の期間も、バロック時代に含めるべきだと考えるようになったのです。

一七五〇年の方も、ちょっと遅すぎ？　バッハは一七三七年、音楽批評家シャイベに「あまりに技巧的で、誇張され混乱した芸術」と、声楽曲を痛烈に批判されました。すでに時代は移り変わりつつあったことがうかがえます。一七二〇年から八〇年くらいまでを前古典派として分ける方法もあります。バッハの没年、あくまで目安として覚えてください。

通奏低音って何？

［譜例11］はアルカンジェロ・コレッリの《クリスマス協奏曲》冒頭。フラットが一つ足りない調号や二つ並んだ拍子記号など、現代の書き方と違っていておもしろいですね（グレゴリオ聖歌で使われた教会旋法から長短調体系へ、ルネサンス時代の記譜法から現在の記譜法体系へと移り変わる過渡期であったことが伝わってきます）。上三段は独奏楽器群（コンチェルティーノ）であるヴァイオリン二つとチェロ、下四段は伴奏楽器群（これが23頁に書いたリピエーノ・オーケストラ）のヴァイオリン二つとヴィオラ、バス。

スコアに書かれた七パートを演奏するだけでは、音楽は完成しません。音源を聴きながら耳を澄ますと、チャカチャカとかポロポロとか、弦楽器以外の音が聞こえるはず。そう、バロック音楽にはチェンバロ（ピアノのように弦をたたくのではなく、ひっかけて音を出す鍵盤楽器。英語ではハープシコード）が付きもの。でも、スコアにチェンバロ・パートはありませんね。どこを弾いているの？

答えは、一番下のバス・パート。これはコントラバスのバスではなく、basso continuo（バッソ・コンティヌオ。イタリア語で「継続的低音」の意味）のバス。日本語では通奏低音と呼ぶこのバッソ・コンティヌオは、バロック時代の特殊な伴奏法です。チェロやファゴット、ヴィオラ・ダ・ガンバ（バロック時代の擦弦楽器。［図7］などの低音旋律楽器が弾くこの一番下のパートを、チェンバロ奏者も左手で弾きます。

右手で弾くべき楽譜はありません。右手は遊んでいる……わけではなく、右手は左手の低音旋律に合う和音を即興で弾くのです。［譜例11］のように、多くは弾くべき和音が数字で示されます。ジャズなどで使うコード・ネームのようなものですね。即興ですから、弾きやすい音域の弾きやすい形で弾きます。もちろん、指定された和音だけではなく、主旋律をまねしたり合の手を入れたり、長い音符を分散和音で飾ったり、和音の中で自由に即興します（これもジャズと同じ。でも考え

［譜例11］コレッリ：コンチェルト・グロッソ op.6, no.8

てみたら、ジャズ「が」通奏低音と同じというべきでした）。チェンバロ以外に宗教曲ではオルガン、小編成の曲ではリュート（裏側が大きくふくらんだ、ギターのように爪でつま弾く撥《はっ》弦《げん》楽器）も使われました。通奏低音は作曲家が楽譜を書く手間が省けますし、楽器によって異なる特徴を活かした伴奏ができます。バロック時代の作曲家は、チェンバロ・パートをほとんど記譜しませんでした。また、チェンバロ協奏曲はヴァイオリン協奏曲などとは比較にならないほど遅くまで作られませんでした（伴奏用の楽器に独奏させるなんて、考えつかなかったのでしょう）。

［図7］バロック時代の擦弦楽器ヴィオラ・ダ・ガンバ。チェロと似ているが、弦の数が多くフレットがあり、楽器の形や弓の持ち方なども異なる。ナティエ『王女アンリエットの肖像』（1754年）

現在の演奏用パート譜に含まれるチェンバロの楽譜は、校訂者が（数字から）和音を補ってくれたもの。一つの例にすぎません。時代様式に合う趣味のよい、自分なりのものを作って弾いてよいのです。

通奏低音はバロック時代のあらゆる編成の曲に使われました。ネガティヴな意味をもつバロックという時代区分名が普及する前には、リーマンのように、この時代を「通奏低音の時代」と呼ぶ学者もいたのです。でも、古典派の時代になると、即興演奏やチェンバロの衰退とともに通奏低音の習慣も消滅。すべてのパートが記譜されるようになりました。

オーケストラの起源

管・弦・打楽器が一定の秩序に基づいて一緒に音楽を奏でるオーケストラ。その音楽の出発点は？　すべてここから始まった！　といえるような、唯一無二の起点というわけではありませんが、モンテヴェルディのオペラ《オルフェオ》が出発点の一つであることは間違いありません。一六〇七年に北イタリアのマントヴァで初演された、最初期のオペラの傑作。その伴奏アンサンブルがオーケストラの出発点とも考えられる理由は、次の三点。

　第一は楽器編成。［図8］は、一六〇九年に出版された《オルフェオ》スコアの楽器リストとそれを三つに分類したもの。ずいぶんいろいろな楽器が必要です。キタローネ（ネックがすごく長い大型リュート）など、珍しい楽器の名も。

　オペラの歌唱を伴奏する通奏低音用の楽器もバラエティーに富んでいます。伴奏楽器を変えて、登場人物を描き分けているからです。たとえば、竪琴の名手オルフェオにはハープや柔らかい音のする木管オルガンを用いる一方、冥府の番人カロンテには耳障りな音がするレガール（金属リードのオルガン）が使われます。弦楽器の数や管楽器の種類も多いですね。トロンボーン（ここには4と書かれていますが、第三幕の霊たちの合唱ではトロンボーン5の指定！）や

STROMENTI.（楽器）

通奏低音楽器		弦楽器	管楽器
大型チェンバロ 2	Duoi Gravicembani.		
	Duoi contrabassi de Viola.	コントラバッソ・デ・ヴィオラ 2	
	Dieci Viole da brazzo.	ヴィオラ・ダ・ブラッチョ 10	
大型ハープ 1	Vn Arpa doppia.		
	Duoi Violini piccoli alla Francese.	小型ヴァイオリン 2	
キタローネ（大型リュート） 2	Duoi Chitaroni		
木製パイプのオルガン 1	Duoi Organi di legno.		
ヴィオラ・ダ・ガンバ 3	Tre bassi da gamba.		
	Quattro Tromboni.		トロンボーン 4
レガール（金属リードのオルガン） 1	Vn Regale		
	Duoi Cornetti.		コルネット（円錐形の木管楽器） 2
	Vn Flautino alla Vigesima seconda		高音域のリコーダー 1
	Vn Clarino con tre trombe sordine.		クラリーノ 1 弱音器付きトランペット 3

［図8］モンテヴェルディ《オルフェオ》の楽器リスト

コルネット（現在のコルネットとは異なる、円錐形の木管楽器）は冥界、リコーダーは地上の場面と、管楽器も描き分けに加わります。

しかもところどころ、楽器や数が楽譜に指定されています。これが二つ目の理由。当時の器楽は主に即興（踊りの伴奏など）か、歌手が足りないときや音程を助けるために声楽パートを演奏するもので、記譜されること自体、多くありませんでした。器楽パートがあったとしても、楽器の選択は、奏者に任されていたのです。《オルフェオ》は、ジョヴァンニ・ガブリエーリの《弱と強のソナタ》などとともに、楽器が指定された最初期の例です。

そして第三の理由は、オペラにおいて器楽曲が重要な役割を果たしていること。たとえば、最初に奏される〈トッカータ〉。五声部の最上声にクラリーノ（高音域のトランペット）が指定された華やかなファンファーレ風の曲は、マントヴァ侯らが入場し、席に着く間に演奏される音楽です。でも、オペラの序曲と捉えても、違和感はありません。楽器名は指定されていません（し、楽器リストにも含まれていません）が、打楽器が一緒に使われたことは間違いないでしょう。〈トッカータ〉に続いて、音楽の神が歌うプロローグの間奏として繰り返される〈リトルネッロ〉は、第二幕や第五幕でも奏されます。同じ音楽が戻ってくることで共通の雰囲気を作り、統一感を与えています。

オケ奏者やオケ・ファンの中には、オペラとオーケストラの音楽は全く違うとか、オペラはちょっと苦手とか、オペラよりオーケストラ音楽の方が高尚とか(!?)考える方がいらっしゃるかもしれません。しかし、オーケストラの起源(の一つ)は、《オルフェオ》やそれに続いて数多く作られたオペラの器楽アンサンブルですし、現在の主要なオーケストラ・レパートリーを占める交響曲のご先祖様(の一つ)は、シンフォニーア(イタリア風序曲)と呼ばれるオペラ序曲。現在に至るオーケストラの並び方も、オペラ上演の際の楽器配置が影響しています。オーケストラはオペラに、多くを負っているのです。

トリオはトリオじゃなかった?

「カルテット＝四重奏＝四人で演奏する音楽。弦楽四重奏曲など」「トリオ＝三重奏＝三人で演奏する音楽。ピアノ・トリオなど」がクラシックの常識? いえいえ、バロック時代には、三重奏ではないトリオが存在しました。この時代の最も重要な室内楽形式で、アマチュアを中心にヨーロッパ中で盛んに演奏されたトリオ・ソナタがそれ。

編成は、旋律楽器二つと低音楽器［譜例12］。イタリアでは一七世紀後半から、旋律楽器としてもっぱらヴァイオリンが使われましたが、ドイツでは管楽器も好まれ、オーボエ、フルート、リコーダー、ファゴット、コルネットなどが用いられました。低音楽器は、チェロやヴィオラ・ダ・ガンバ、ヴィオローネ（コントラバスのご先祖様）などです。

ちなみに、バロック時代のソナタは、古典派時代のピアノ・ソナタのような、ソナタ形式の楽章を含む楽曲を指すものではありませんでした。ソナーレ（sonare 楽器を奏する）というイタリア語の動詞に由来する語で、単に器楽曲という意味。様々なジャンルの曲のタイトルに使われました。

トリオ・ソナタの音楽的な特徴は、三つの声部、特に上声二つが音楽的にほぼ対等であったこと。現在のオーケストラ曲や室内楽曲では、ファースト・ヴァイオリンの方がセカンド・ヴァイオ

［譜例12］コレッリ：トリオ・ソナタ op.1, no.1, 第1楽章冒頭

リンよりも高い音域を担当するので、ファーストが旋律、セカンドが和声付けあるいは伴奏ということが多いですよね。でもトリオ・ソナタは、ときには一つのメロディーを二つの旋律楽器が代わる代わる弾いたり、途中でセカンドの音域がファーストより高くなって、メロディーを受けもったりしました。でもこれだけなら、トリオ・ソナタも三重奏であるはず。

ちょっと待って。低音声部の上に書かれた6や7などの数字に注目! これは、通奏低音の和音の種類を示す数字。通奏低音では、低音旋律楽器だけではなくチェンバロやオルガンのような鍵盤楽器が必要でしたね。したがって、トリオ・ソナタを演奏するには、普通は奏者が四人必要。

バロック時代のトリオ・ソナタは三重奏のソナタではなく、[譜例12]のように、独立した三つの声部から成るソナタという意味でした。奏者は四人と限りません。バッハのオルガンのためのトリオ・ソナタは、一人用(両手+足鍵盤で三声)。トリオが、三重奏つまり三つの楽器編成を意味するようになるのは、古典派以降です。

バロック・ピッチ（一）　コーアトーン

音大のバロック音楽の講義で、ピリオド楽器（現在使われているモダン楽器ではなく、作曲された時代に使われていた楽器や、その復元楽器のこと）による音源を使ったら、「なぜ、すべて半音下げて演奏しているのですか？」と質問されました。絶対音感をもつ学生には、「音が楽譜とずれていて気持ち悪い」と大不評。私たちはすっかり、一点イ音（a1）＝四四〇ヘルツという標準音に「洗脳」されています。でも、ト音記号第二間のラ（ピアノの真ん中のドの上のラ）は、一秒間に四四〇回振動する音高（ピッチ）を基準とすると定められたのは、一九三九年にロンドンで行われた国際会議でのこと。まだ九〇年足らずしか経っていません。

バロック時代は今よりもピッチが半音低かったと思っていらっしゃる方が多いと思いますが、まず最初に、必ずしも低いとは限らなかったお話から。もともと、歌を歌うときに標準音など気にする必要はありませんでした。歌える高さで歌えばよいからです。グレゴリオ聖歌のネウマ譜のヘ音記号やハ音記号は、絶対音高を示すものではありません。時代が下っても、標準音は必要ありませんでした。教会のオルガンに合わせて歌えばよいのです。オルガンのピッチが一台ずつ異なっていても構いません。この教会のオルガンを他の教会のオルガンと一緒に演奏するというような機会はありませんでしたから。

教会のオルガンのピッチを、ドイツ語で合唱ピッチという意味のコーアトーン（Chorton）と呼びます。もちろん、a_1がいくつというような絶対的な値はありません。教会によって、オルガンによって、ばらばらでした。ただ、一般に（特にドイツでは）コーアトーンは高い傾向（現在の標準音よりも約半音ほど）がありました。高いピッチのオルガンが多かったのには、経済的な理由も。低いピッチにすると、長いパイプが必要。より多くの錫を使うことになるのです。

また、パイプを延ばすのは難しいので、パイプを切りながら調律しました。そのため、調律するたびにピッチが上がっていきます。一七世紀の末に、ヴェネツィアのサン・マルコ寺院のオルガンは、同市の他のオルガンよりも一全音（二半音）高いと書かれているそうです。ヴェネツィアの守護聖人に捧げられたこの寺院は行事も多く、オルガンの調律回数も多かったためでしょう。調律を繰り返して音が高くなりすぎると、全部のパイプをそれぞれ半音上の音のパイプとして付け替え、最低音のパイプを新調しました。賢い方法ですね。

バロック・ピッチ（二）　カンマートーン

同じ時代の同じ場所においても、音楽の種類によって異なるピッチが使われていました。カンマートーン（Kammerton）はドイツ語で室内ピッチの意味。教会や劇場ではなく、貴族や王の館《やかた》の一室で演奏される世俗音楽のピッチです。

もともとは、コーアトーンよりもカンマートーンの方が一全音（二半音、長二度）ほど高かったようです。しかし、一七世紀の後半以降、コーアトーンよりも一全音か一・五全音低いピッチで作られたフランスの新しい木管楽器が、ドイツにも普及。これがカンマートーンに。カンマートーンの方がコーアトーンよりも低くなりました。

楽器によりピッチが異なっても、別々に演奏しているうちは良かったのです。しかし、オルガンやトロンボーンのような限られた楽器だけが使われていた教会の奏楽に、ヴァイオリンやコルネットなどの世俗の楽器が入り込んできたとき、問題が起こりました。コーアトーンでチューニングされた教会の楽器と、カンマートーンでチューニングされた世俗の楽器をそのまま一緒に演奏したら、音が合いません。二種類の調を使う必要があります。

ワイマールで作曲されたバッハのカンタータ一五二番《出で立て、信仰の道に》は、その一例［譜例13］。スコアの上三段、リコーダーとオーボエとヴィオラ・ダモーレ（共鳴弦をもつバロック時代の擦弦楽器）は、フラット一つのト短調（本当はフラットが二つ必要ですが、コレッリの《クリスマス協奏曲》と同様、古い教会旋法体系の名残りです）。一方、その下の通奏低音楽器、ヴィオラ・ダ・ガンバとオルガンは、シャープ一つのホ短調で書かれています。このときはその差が短三度だったということ。弦楽器は調弦を変えられるので、どちらのピッチにも対応できますが、カンマートーンの木管楽器をコーアトーンのオ

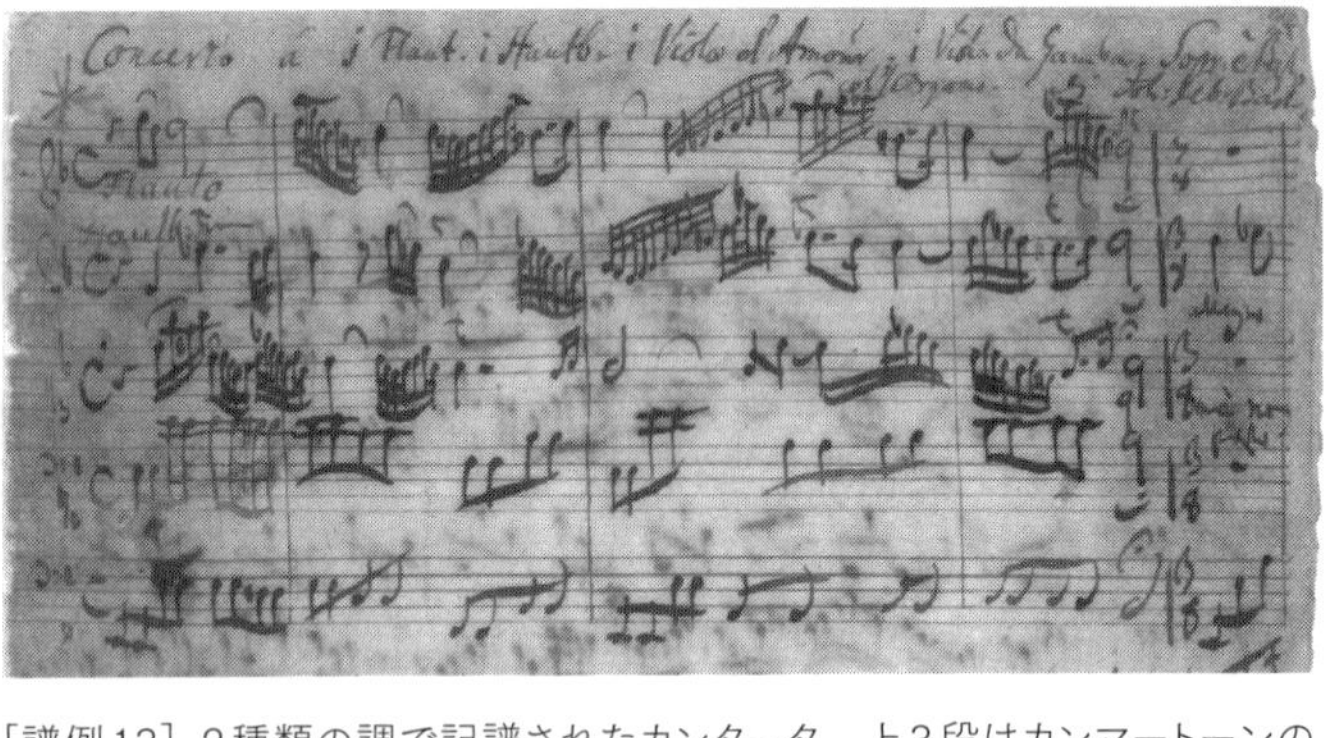

［譜例13］２種類の調で記譜されたカンタータ。上３段はカンマートーンの楽器用に♭１つの調、下２段はコーアトーン用に＃１つの調で書かれている。J.S.バッハ《出で立て、信仰の道に（Tritt auf die Gaubensbahn）》BWV152 シンフォニーア冒頭の自筆譜

ルガンと一緒に演奏するために、木管楽器を短三度高いト短調で記譜したのですね。

実はこれ、移調楽器の扱いと同じです。クラリネットを思い浮かべてください。コーアトーンとカンマートーンが長二度違うときは、バッハはカンマートーンの楽器をB管クラリネットのように長二度高い調に、短三度違うときは、A管のように短三度高い調に移調して書きました。

現在、古楽演奏ではa_1＝四一五ヘルツがバロック・ピッチとして広く使われていて、これがこの時代のピッチだったと思っている人も多いようですが、これは便宜上の数値。現在の標準音a_1＝四四〇ヘルツで調律したとき、aより半音低いa♭（またはg♯）が四一五ヘルツになるというだけの理由です。モダン・ピッチに調律されたチェンバロをバロック・ピッチに調律し直すのは大変な手間。でも、鍵盤をスライドさせて、左隣の弦、つまり半音低い音が出る弦をはじくようにすれば、簡単に二種類のピッチを使い分けることができます。

バロック時代はピッチが低かったという一つ覚えでは、全体を見渡せません。ドイツにおいてピッチは、土地ごと教区ごとに異なっていた時代ですから、現在よりも（およそ半音）高いコーアトーンと、（およそ半音）低いカンマートーンが併存していたと理解してください。

バロック・ピッチ（三）　フランスの場合

フランスのバロック・ピッチも複雑です。一六八〇年以前にフランスで作られたパイプオルガンのピッチは、a^1＝三八八－三九六ヘルツ。この礼拝堂ピッチ（ton de chapelle）と現在の標準音高の差は、およそ二半音（一全音）。一七世紀後半に建てられたパリ・オペラ座でも、同じ（低い）ピッチがオペラ座ピッチ（ton de l'opera）と名前を変えて使われました。歌い手にとってピッチは低い方がありがたいはず。現在のラは、オペラ座ピッチならシ。シまで出せるという方が、ラまでよりも聞こえがよいですから。

一方、世俗曲は？　太陽王ルイ一四世の時代の室内ピッチ（ton de la chambre）は、現在よりもおよそ一・五半音低いa^1＝四〇四ヘルツくらいだったようです。現存する当時のフランスの木管楽器、オルガン、民俗楽器の多くから、これくらいの高さの音が出ます。ただ、二半音低いオペラ座ピッチの木管楽器も残っている（オペラ座のオーケストラ用）ので、現在より一・五半音低い室内ピッチと二半音低いオペラ座ピッチが、並行して用いられたのでしょう。

一八世紀半ば、フランスにヴェネツィアの新しいピッチが到来。イタリアでは教会のオルガンに、高いピッチ（a1＝四六四ヘルツくらい）が使われていたのですが、一七四〇年頃ヴェネツィアで、それまでより半音低い、現在とほぼ同じピッチのオルガンが製作されるようになったのです。ヴェネツィアの合唱ピッチ（corista Veneto）と呼ばれるこの音高が他の楽器にも取り入れられ、一八世紀末までにヨーロッパ中に広まりました。現在の標準a1＝四四〇ヘルツは、このヴェネツィアのピッチに由来するとも考えられるそうです。

楽譜どおりに演奏しない場合
バロック音楽の付点リズム

私たちにとって楽譜とは、書き付けられた作曲家の意図を、なるべくそのとおりに再現すべきもの。でも、バロック時代にはそうではありませんでした。コレッリの《クリスマス協奏曲》のスコア（115頁）を見ながら、ピリオド楽器による演奏を聴いてみてください。

三小節目の最後の八分音符が、八分音符の長さよりも短く演奏されていませんか。

バロック時代の音楽には、楽譜どおりに演奏するのが正しいとは限らない場合がありま す。たとえば、クラヴサン（フランス語でチェンバロのこと）音楽で用いられるイネガル（不均等）奏法。同じ長さの音符、たとえば八分音符が六つとか八つ記されていても、優雅な感じを出すために、「譜例14」の下声のように長短または短長を付けてわざと不均等に演奏します。その影響で、付点の音型では、長い音符をより長く、短い音符をより短く弾く習慣がありました。譜例の上声と下声が、同時に最後の音を出すべきだからです。このような下声がなくても、同様に奏されます。ウヴェルチュールの冒頭では、付点音符で記されていても、実際には複付点のように、ときにはそれ以上の長さで演奏されることもありました。これが常識でしたから、わざわざ説明を加える必要もなかったのです。

楽譜どおりに弾く時代になると、このような伝統は途絶えてしまいます。しかし、一七、一八世紀の音楽理論書や教育書の研究によって、当時の演奏習慣が解明されてきました。バロック音楽の演奏法は例外も多く複雑ですが、ご興味がある方はまず、一八世紀の「三奏法」と呼ばれるクヴァンツの『フルート奏法』（一七五二）、C・P・Eバッハ

[譜例14] 付点とイネガル奏法

の『クラヴィーア奏法』（一七五三、一七六二）、L・モーツァルトの『ヴァイオリン奏法』（一七五六）をご覧ください。いずれも日本語に訳されています。

ヴィブラートは装飾音だった

作品が作られた時代の演奏習慣を用いるピリオド奏法の一つとしてかなり知られるようになったのが、ノン・ヴィブラート奏法（ここでは、ヴィブラートを全く使わないだけではなく、あまり使わない奏法を含めてこの語を使います）。しかし、たとえばベートーヴェンの時代になぜ弦楽器をノン・ヴィブラートで演奏していたのか、ご存知でしょうか。ヴィブラートはもともと、特別な理由が存在する場合にのみ用いられたものだったからです。

中世初期から記述が残るヴィブラートですが、メーンス＝ヘーネンの研究によって、バロック時代のヴィブラートの状況が明らかになりました。主に「恐れ」「冷たさ」「死」「眠り」「悲しみ」のような否定的な感情、あるいは「優しさ」「愛らしさ」などを表すために使われていたのです。歌詞を持つ声楽曲のみならず器楽曲においても、このような情緒を強調するためにヴィブラートを使うことが許されました。つけてもよいのは、アクセントがある長い音だけ。装飾音の一種と捉えられていたのです。音を豊かにするためという現在の目的とは、全く違いますね。教本や、フランスの愛好家向け楽譜などに、波線や「×」などでヴィブラートの指示が記入された例もありますが、ごくわずか。どの音につけるかは、演奏家次第です。ただ、ギターやリュートなどの撥弦《はつげん》楽器の曲では、情緒とは関係なしに、音の長さを延長する手段としてヴィブラートが許されていました。

一八世紀半ば以降は、「甘美さ」などの肯定的な意味あいで捉えられるようになります。ほとんどの音（少なくともほとんどの長い音）にヴィブラートを使う演奏家もいて、レオポルト・モーツァルトは彼の『ヴァイオリン奏法』（一七五六）第一一章「トレモロ、モルデント、その他即興の装飾音について」の中で、次のように諫《いさ》めています。

トレモロ（訳注：Tremolo = Vibrato）は、『自然の女神』が生んだ装飾音で、長い音に魅力的に使うことができ、優れた器楽家のみならず、賢明な歌い手によっても使われます。（中略）全ての音をトレモロで弾くのは間違いです。演奏者の中には中風持ちのように全ての音を絶え間なく震えさせている人がいます。（中略）曲の終わり、または、長い音符で終わるパッセージの終わりでは、例えばピアノ（Flügel、Clavechord）で弾いたような場合、その音は明らかに後までずっと響き続けます。従って、最後の音、または、長く保持される音はトレモロで装飾します。

（レオポルト・モーツァルト著、塚原哲夫訳『バイオリン奏法』）

それなら、フレーズの最後に入れるトリルのようなつもりで、それ以外の音にはヴィブラートを使わなければよいのかというと……。レオポルトと同時代に、イタリア人ヴァイオリニスト、フランチェスコ・ジェミニアーニは『ヴァイオリン奏法』（一七五一）の「よいセンスで演奏するために必要な装飾法」の中で、異なる記述を残しています。

クローズ・シェイク（close shake 訳注：ヴィブラート）――音を徐々に長くスウェリングさせ、弓はブリッジに近づけてひき、強く終わると、威厳や権威を表すことができる。しかし、短く、低く、小さくすると苦悩や恐怖などを表わすことができる。そして、短い音にこのクローズ・シェイクをつけると、音を快いものにする効果がある。このためだけだとしても、これはできるだけしばしば使われるべきである。

（フランチェスコ・ジェミニアーニ著、内田智雄訳『バロックのヴァイオリン奏法』）

L・モーツァルトの、ヴィブラートは長い音にだけという記述と異なりますね。ザスローはこのジェミニアーニの説を例外とみなし、モーツァルトの時代は「ヴィブラートはソリストによってつつましく使われるもので、よく訓練されたオーケストラ奏者による使用は一般に控えられていた」と書きました。これに異を唱えたのがノイマン。フランスのフルート奏者オッテテールがフルート奏法の著作（一七〇七）の中で「ほとんどすべての長い音に」ヴィブラートを使うように書いていることなどを理由に、（ソロ奏法とオーケストラ奏法との間に、違いが存在したことは認めつつ）オーケストラ奏者ノン・ヴィブラート説に反対しています。確かに、オーケストラ奏者はヴィブラートを控え目にと書かれた資料は、見つかっていないのです。

このように、どの程度の頻度でソリストが、あるいはオーケストラ奏者がヴィブラートを用いていたか、見解はまとまっていません。確実にいえるのは、

音を豊かにするために、常にヴィブラートをかけながら弦楽器を演奏するようになったのは、二〇世紀最初の四半世紀以降

ということ（だけ）。それまでずっと、ヴィブラートは特別な効果のためにとっておくも

のでした。

ヴィブラートについて調べていて印象に残ったのは、二〇世紀におけるこの大きな転換（ヴィブラートを常用するようになったこと）が、「オーケストラでガット弦に代わってスティール弦が使われるようになったことと、密接に関係していたと思われる」「古い時代の装飾音としてのヴィブラートは、その豊かな表現能力を失ってしまった」というメーンス＝ヘーネンの指摘。「ピリオド奏法＝ヴィブラートを使わない」というような単純で極端なものではありません。指揮者や演奏者のセンスや眼識が問われる、非常に繊細な問題であることを忘れてはならないでしょう。

ヴィオラはえらい？

「居なくてもきっとなにも変わらないさ」（槇原敬之《ビオラは歌う》）と歌われてしまったヴィオラ。いいえ、そんなことはありません！　ヴィオラだって重要です。弦楽器のイタリア語名は、みんなヴィオラ viola に由来するんですよ。

・ヴァイオリン violino ＝ viola ＋ イタリア語で縮小の意味を表す接尾辞 -ino ＝ 小さなヴィオラ
・コントラバスのご祖先ヴィオローネ violone ＝ viola ＋ 増大の接尾辞 -one ＝大きなヴィオラ
・チェロ violoncello ＝ 大きなヴィオラ violone ＋ 縮小の接尾辞 -cello ＝ 小さな大きなヴィオラ

でも、このヴィオラは現在のヴィオラではありません。ヴィオラやヴィオールという語は、ヨーロッパで中世以来、擦弦《さつげん》楽器の総称として使われていたからです。残念。

ヴィオラは音響学的にとても不利な楽器です。まず音域を考えてみましょう。単純にいうとヴィオラは、ヴァイオリンのE線を取り去ってあとの三本の弦の下にC線を加えたような楽器。ヴィオラの最低音はヴァイオリンより五度低くなります。一方チェロはヴィオラと同じ「ドソレラ」調弦ですが、ヴィオラよりも一オクターヴ、つまり八度低いのです。

次に楽器の大きさを思い浮かべてください。チェロはヴィオラに比べてずーっと大きいのに、ヴィオラとヴァイオリンの差はわずか。八度の音程差でチェロがヴィオラよりあれだけ大きいのなら、五度の音程差があるヴィオラだって、本当はヴァイオリンよりかなり大きいはずですよね。

ヴァイオリンと音響学的に同等のヴィオラを作るとすると、ネックを除く本体の長さが約五三センチ必要。低音弦も豊かに美しく響くこの理想的なサイズは、長すぎて演奏不可能。だから、現在の四〇センチほどの大きさに押し込んでいるのです。楽器構造上の無理は、ヴィオラの音色や音量に影響します。それでも、本来の大きさの楽器から輝かしく力強い音色を奏でるヴァイオリンやチェロに、渋い音色で対抗しているのだから、ヴィオラってすごい‼

さらに、ヴィオラには不遇（⁉）の時代がありました。バロック時代、アンサンブルにおいてヴィオラがソロとして扱われるのは（フーガを除くと）非常に稀《まれ》。また、一七世紀以降、数えきれないほどのヴァイオリン協奏曲やたくさんのチェロ協奏曲が作られた一方で、最初のヴィオラ協奏曲がテレマンによって作られたのは一七四〇年頃。ほとんどのヴィオラ協奏曲は、他の楽器の協奏曲のアレンジです。以前はヘンデル作とされたロ短調の協奏曲のように、後世の人（この場合はヴィオラ奏者アンリ・カサドシュ）がバロック風に作ってしまった作品もありました。

バロック時代には、同じ音域の楽器二つによる独奏のかけあいを通奏低音で支えるトリオ・ソナタと、独奏＋通奏低音のソロ・ソナタが流行します。ヴァイオリンはしばしば独奏楽器として、チェロだけではなくときにはヴィオローネやコントラバスも、通奏低音楽器としてソナタに参加しましたが、ヴィオラには出番がありませんでした。ヴィオラの個性が求められるようになったのは、ハイドンやモーツァルトによって、弦楽四重奏曲が（部分的にせよ）声部均等に作られるようになってから。

長い間、廃《すた》れず地味に存続し、「誰かの為の旋律」（槇原）を歌い続けるヴィオラ。というわけで、（えらいかどうかはわからないけれど）、ヴィオラって健気《けなげ》!!　が結論です。

COLUMN

本当は「ブラボー！」じゃない！

プロ・オケのコンサートで演奏終了後、ブラボーの声がかかることが多くなりました。アマ・オケでメイン曲を演奏しないメンバーが、さくらになって叫ぶ「ブラボー隊」（なんて、今はないのかな？）とは違い、出来が良いときにしか声をかけません。演奏が素晴らしかった、楽しめたということを、相手に伝わるように表現することは、悪くないと思います（突然、隣で叫ばれるとぎょっとしますが）。ただ、気になることがあります。

ブラボーの元はイタリア語の「良い」である bravo ですが、かなり日本語化されました。違いは二つ。まず、最後の子音は b ではなく v ですから、本当はブラヴォ。もう一つ、発音よりも気になるのがアクセント。イタリア語は、フェルマータ fermata とかピッツィカート pizzicato のように最後から二つ目の音節にアクセントがある単語が圧倒的。bravo も本当は、最後のボ（ヴォ）ではなくラにアクセントを置くブラーヴォです。

もっと気になるのは、女性ソリストにもブラボーと声がかかること。ハラハラします。だって、ブラボー（ブラーヴォ）は男性に使われる「良い」ですから。

イタリア語の形容詞は、形容する名詞の性や数に従って語形変化します。bravo のように最後がoで終わるのは、男性単数名詞にかかるとき。女性単数ならoではなくa。男性複数ならiで、女性複数はe。「あなた（がた）は上手い」と言うときも、形容詞を主語に合わせて変化させます。ですから、正確な語形変化は次のようになります。

・男性ソリストに対して　Bravo!　ブラーヴォ！
・女性ソリストに対して　Brava!　ブラーヴァ！
・複数の男性奏者に対して　Bravi!　ブラーヴィ！
・複数の女性奏者に対して　Brave!　ブラーヴェ！

それでは、男女混合の複数の場合は？　正解は男性複数形と同じブラーヴィ。男性の方が多くても女性の方が多くても、男性が一人でも含まれている複数は男性複数形になるのです。不公平!?　まあ、男女どちらが多いかわからないと語形変化できないのでは困ります。それに、男性と女性が同数のときも困るし。というわけで、

・複数の男性奏者、あるいは男女混合の奏者に対して　Bravi!　ブラーヴィ！

もし、とてもとてもとても良かった場合は？　いつも使っている音楽用語を応用して表現できますよ。ヒントはフォルテ↓フォルティッシモ。

・ものすごく上手な男性ソリストに対して　Bravissimo!　ブラヴィッシモ！
・ものすごく上手な女性ソリストに対して　Bravissima!　ブラヴィッシマ！
・ものすごく上手な複数の女性奏者に対して　Bravissime!　ブラヴィッシメ！
・ものすごく上手な複数の男性あるいは男女混合の奏者に対して　Bravissimi!　ブラヴィッシミ！

日本人がvを発音したり、語形変化をつけて叫ぶなんて、キザすぎ？　たしかにここは日本ですから、心がこもっていれば日本式ブラボーで十分かもしれませんね。それよりも大事なのはタイミング。曲が終わるか終わらないかのうちにブラボー！　がかかると、せっかくの音楽がぶちこわしです。どんなに演奏が素晴らしくても、ホールに残った余韻を最後まで楽しむことを忘れないでください。早い者勝ちのように間髪置かずにブラボー！　と叫ぶよりも、指揮棒が降りて奏者や観客の緊張がとけてから、おもむろにブラボーと声をかける方が、ずっとスマートだと思います。

第5楽章

古今東西のオーケストラ奏者たち

ホルン奏者が多い理由　《告別》の思い出

個人的な思い出話で恐縮ですが、私はハイドンに恩義があります。現在、西洋音楽史を教える職についているのは、ハイドンの《告別交響曲》のおかげです。

音楽学（音楽に関する学問的研究全般）を学んでいた大学三年生のとき、ハイドンの交響曲を概観するゼミを受講しました。二〇人くらいの受講生で手分けして基本データをまとめる一方、主要な曲を分担して特徴を調べ、譜例を用いて発表するという内容でした。あらかじめ成立年代順にリストアップしていた交響曲を、先生が名簿順に機械的に割り当てたところ、私は《告別》のニックネームで知られる四五番の担当になりました。この交響曲は終楽章の途中で、それまでとは拍子も調性も異なる遅いテンポの音楽が始まります。そして、少しずつパートが減っていき、ヴァイオリン二重奏で静かに終了します。一〇〇曲以上のハイドンの交響曲の中でも、背景や音楽内容が特殊なこの四五番が当たるとは、なんてラッキー！

ここで疑問に思ったのは、ヴァイオリン奏者の人数でした。四つに分けて書かれたヴァイオリン・パート（このうち、1と2は最後まで残る独奏パート）を、各パート一人ずつ弾いていたのか、あるいは3と4のパートは複数の奏者から成り立っていたのか。先生も確かなことはご存知なく、私は翌週まで、ハイドンが楽長をしていたエステルハージ侯のオーケストラ編成に関する資料を探すことになりました。

幸いにも、ランドンの分厚い研究書の中に、この交響曲が作曲された一七七二年の楽士の月給リストを発見［表1］（151頁）。ヴァイオリン奏者は三人だけ!? でもよく読むと、ヴァイオリンとヴィオラを弾ける者は全部で八名。そのうち二人がヴィオラを担当したとしても、ソリスト二人（ヴァイオリン1と2の独奏パートを担当）以外に、ヴァイオリン3と4のパートを二人ずつ演奏できたはずとわかりました。三人ずつで弾いていたのが弱音器を付けた一人ずつに減るなら、寂しい感じが高まり、効果的です。

先生が「他に何かコメントは？」と尋ねてくださったので、給料リストの中にホルン奏者が六人もいる理由を説明しました。「当時は複数の楽器を演奏できる楽士が多かった→ホルン奏者は狩りのお供をする仕事もあり、給料が高かった→ホルンを吹ける楽士は、最初に契約する際にホルン奏者として契約した」のだそうです（［表1］の右側に、他に演奏できた楽器名を加えてあります）。

まるで、事件を解き明かしていく探偵みたい。資料を探して音楽に関する疑問を解決するっておもしろいなと私が初めて感じたのは、この発表のときでした。これをきっかけに大学院進学を考え始め、後にアメリカの大学の博士課程に進むことになります。

もしも学籍番号が、あるいは受講生の数が一つでもずれていたら、私は《告別》の担当にならなかったはず。奏者の人数についての疑問ももたず、分担に必要な資料だけ読んで発表を終え、大学院には進まず、今頃、全く違う人生を歩いていたことでしょう。ほんのわずかの偶然が私を《告別》に引き寄せ、音楽学の楽しさを教えてくれたのです。そして現在、楽譜を音にするだけではない音楽のおもしろさをなるべく多くの人に伝えようと、西洋音楽史を教えたりコラムを書いたりしています。人生って本当に不思議です。

音楽家は召使い　ハイドンの場合

西洋音楽の世界において、音楽家は名士。でもこれは、たかだか二〇〇年ほどのこと。

それ以前は、作曲家や演奏家の地位はとても低かったのです。一七六一年、ヨーゼフ・ハイドンがハンガリーのエステルハージ侯爵家の副楽長になったときの雇用契約書の内容は、次のようなものでした。

1　楽長ヴェルナーは聖歌隊の音楽を担当するので、彼に服従すること。ハイドンはそれ以外の演奏やオーケストラすべての指導権をもつ

2　ハイドンはエステルハージ家の従僕であるから、それにふさわしい行動をとること。部下の楽士に粗暴な態度をとらず、温和、寛大、率直かつ沈着であること。賓客の前で演奏するときは制服（白の靴下、白のリンネル、かつら）を着用し、本人や楽士全員が揃って見えるようにすること

3　楽士を指導し、彼らの模範となるように不当な親交を避け、飲食、談話に中庸を保ち正しく行動し、平和を保つように部下を感化すること

4　侯に命じられた音楽を作曲する義務がある。それらを他の人に与えてはならない。また、許可なく他の人のために作曲してはならない

5　昼食の前後には次の間に控え、侯が楽団の演奏を希望されるか否かを伺うこと。希望の場合は楽士に伝え、彼らが時間を守るように注意・確認すること

6 楽士たちの間に不和・苦情が起きたときは、調停すること
7 すべての楽譜と楽器を管理し、不注意・怠慢によって破損した場合は責任をとること
8 歌手や楽士を訓練すること。また本人も楽器練習に励むこと
9 部下にこれらの義務を守らせられるよう、契約書のコピーを与える
10 規則を遵守し、秩序ある楽団運営をすること
11 年俸は四〇〇グルデン。年四回の分割払い
12 従僕たちの食卓で食事をとるか、代わりに食事手当一日半グルデンを受け取ること
13 三年契約とし、満了時に退職を希望する場合は六か月前に届けること
14 これらを守るならば三年間の雇用を保証し、楽長に昇進させる可能性もあるが、反するならば侯はいつでもハイドンを解雇できる

ずいぶん細かく厳しく決められていますね。楽士たちに対して粗暴な態度を取らない（第2条）、飲みすぎず、しゃべりすぎず、楽士たちがけんかしないように感化する（第3条）、もしもけんかが起きたら調停する（第6条）と、似たような内容が繰り返されていますが、これは要するに楽士たちが一般に、粗暴な態度を取ったり争ったりしていたということでしょう。この時代、楽譜は読めるけれど字は書けないというような楽士もいて、演

奏会の後に酔っぱらって狼藉《ろうぜき》を働くこともありました。一七七七年にレオポルト・モーツァルトは、音楽会後に酔った楽士たちが、ザルツブルク宮廷の広間のシャンデリアを壊してしまったと、息子に書き送っています。

私たちは漠然と、音楽家は特別であるようなイメージをもっていますが、ハイドンも料理人や掃除人、庭番、馬番など他の従僕たちと同じ場所で同じ食事をする（第12条）、使用人の一人にすぎませんでした。料理人のトップが料理長であるように、楽士のトップが楽長であり、ハイドンはその下の副楽長。いずれにせよ、身分は使用人です。

交響曲第四五番《告別》（一七七二）が作られた有名なエピソードも、彼の立場を映し出しています。夏の離宮エステルハーザはまだ完成しておらず、ほとんどの楽士たちは単身赴任でした。ところが、半年の滞在が終わりに近づき、帰郷まであと少しという時期になってから、急にニコラウス侯が、滞在を二か月延長すると言い出したのです。ハイドンは、終楽章の後半で少しずつパートが減っていく交響曲を書きます。弾き終わった奏者が次々と、ろうそくを吹き消して退出し、最後は真っ暗に。作品の意図を汲み取った侯は「彼らはみな立ち去った。したがって、われわれもまた去らねばなるまい」と言い、帰郷の命令を下したと伝えられています。

この時期、ハイドンはすでに楽長に昇進。侯が好んだバリトン（弓で奏する六、七本の弦の他に、九―二二本もの共鳴弦をもつ擦弦《さつげん》楽器）用のトリオをたくさん作り、ときにはトリオの中のヴィオラ・パートを弾いて、お相手も務めていました。でも、あくまでも使用人。「恐れながら申し上げます」と侯に願い出（て、それが叶え）られるような立場ではなかったのですね。

エステルハージ宮廷楽士の給料

仕事内容や規則が細かく定められた窮屈な宮仕えであったにせよ、従僕としてそれは当然のこと。楽長ハイドンを始めとするエステルハージ家の楽士たちは、かなり恵まれていたようです。「楽士の給料リスト」を詳しく見てみましょう。お金の単位は、fがフロリン、Xrがクロイツァーです（一フロリン＝六〇クロイツァー＝一グルデン＝一六グロッシェン。ここではすべてフロリンで統一します）。

楽長ハイドンの月給四七フロリン五〇クロイツァーは、楽士の中の最高額（当たり前ですね）。二番目はソプラノ歌手のフリベルト、三番目がイタリア人コンサートマスターのトマジーニ。彼が一七六一年に従僕兼楽士として雇われたときの月給は、わずか一二フロリン三〇クロイツァー。一〇年で三倍以上に増えました。もちろん、ハイドンも何度か昇給しています。

一七六一年五月（エステルハージ家アントン侯の副楽長として採用）

年俸四〇〇フロリン＋

1772. Specification deren fürstl Hoff und Camer Musicis, wie solche vor das Monath februarij aus der General Cassa zu Eisenstadt sind bezahlet worden,				
N:º	Nomina	Officia	f	Xr
1	Giuseppe Haydn mpria	Kapell-Meister（楽長）........Vn	47	50
2	Barbara Dichtler	Discantista（ソプラノ歌手）.......	12	30
3	Maddalena Friberth mpria	Discantista	41	40
4	Geltrude [*sic*] Cellini	Discantista	34	22½
5	Carlo Friberth mpria	Tenorista（テノール歌手）.........	25	—
6	Leopoldo Dichtler	Tenorista	27	—
7	Christian Specht	Bassista（バス歌手）.............Va	33	20
8	Luigi Tomasini	1:ª Violinista	40	12½
9	Josephus Blaschek	2:ª Violinista	25	—
10	Josephus Purcksteiner	3:ª Violinista ....Va	16	—
11	Xavier Marteau	Bassetelista(Vc).................	34	22½
12	Andreas Lidl mpria	Paritonista（バリトン奏者）,Vc(Cb)	39	30
13	Carl Franz	1:ª Waldhornist ....Baryton,Vc	27	30
14	May	2:te Waldhornist................	27	30
15	Oliva	3:ª Waldhornist ....Vn	34	22½
16	Paur	4:te Waldhornist................	34	22½
17	Hinterberger	1.te Fagotist	28	13
18	Johan Hinterger [*sic*] Caspar Petzyval NB Schiring?	2.te Fagotist ....Cb	28	13
19	Carlo Schiringer NB Petzival	3:te Fagotist..........Timpani,Va	15	—
20	Carolus Chorus	1.te Hautboist....................	28	13
21	[Phol（片目失明治療中）]	2.te Hautboist....................	28	13
22	Thadteus Steinmüller	5.te Waldhornist	28	13
23	Joseph Dietzl	6.te Waldhornist　Vn	25	43
		In una Summa	682	20½

［表1］楽士の給料リスト（1772年1月）

従僕の食堂で食事をとるか、あるいは食事手当一日半フロリン
一七六二年六月（三月一八日アントン侯死去。弟ニコラウス侯が当主に）
年俸六〇〇フロリンに
一七六三年五月
年俸七八二フロリン三〇クロイツァーに。増額分は食事手当

一八世紀においては、一年七〇〇フロリンもあれば普通程度の家庭を維持していけましたが、エステルハージ家の楽士、二三人のうちの一四人は、一月の給料リストの額を一二倍しても四〇〇フロリン以下。彼らは暮らしていけたのでしょうか？　心配ご無用。宮廷楽士は基本的に「制服支給＋食事付き＋住み込み」でした。定職につけず食うや食わずの楽士も多かったはず。たとえ給料は少なかろうと、衣食住が保証されていれば暮らしていけます。臨時収入もありました。ニコラウス侯は、非常に満足できるオペラ公演や演奏会の後、ハイドンや楽士たちにドゥカート金貨を与えることもあったそうです。ハイドンは一〇年間で二六〇ドゥカートほど賜りましたが、これがざっと一一二六フロリン！

さらに、現金だけでなくときにはそれを上回る現物支給も！　生活必需品が現物で支給されるのが、当時の給与体系でした。一七七三年にアイゼンシュタット（エステルハージ

家の本拠地）の宮廷礼拝堂オルガニストが亡くなり、冬の間はハイドンが代理オルガニストを務めることになります。彼は、その分の給料の現物払いを希望しました。たとえばワインの支給は一八アイマー。一アイマーはオーストリアでは五六・五リットルでしたから、一日につき約二・八リットル‼　ワインが水代わりだったとしても、朝昼晩の食事でボトル一本ずつ飲んで、まだ余りますね。牛肉や小麦、ろうそくなどすべてを現金に換算して合計すると九六一フロリン四五クロイツァー。ハイドンは、領地管理人と常任医師に次ぐ、エステルハージ家の使用人の中で三番目の高給を得ていました（もしもオルガニストを勤められないときには、自費で代理を頼むという条件付きですが）。

ランドンは、エステルハージ家の歌手や楽器奏者の給料が、ウィーン宮廷楽団員の給料の額よりも概して高かったと書いています。それに、エステルハージの楽士たちの仕事は音楽だけ。演奏や練習をする以外の時間に、通常の召使いとして仕事をするという条件で楽士を雇うところもありましたから、彼らは恵まれていたのです。

しかも年老いたり病気で働けなくなった使用人には、年金が支給されました。たとえば、勤続一七年の後、耳が不自由になって辞めなければならなかったファゴット奏者ヒンターベルガーには年額二三〇フロリンと薪《まき》六クラフター（一クラフターは三－四立方メートル）、彼の死後は未亡人に、一五〇フロリンと薪四クラフターが支給されました。老後を心配せずに働くことができたのです。

それに、楽長は暖かくてユーモアを解するハイドン！《告別交響曲》のエピソードが物語るように、上司だけではなく部下の楽士たちとの関係も良好で、子どもたちの洗礼式に立ち会ったり、結婚の証人になったり、領主への請願が受け入れられるように助けたりしています。エステルハージ家の楽士にとって、ハイドンの作品に接することはもちろん、素晴らしい楽長とともに働くことが、大きな喜びであり誇りであったことでしょう。

一枚の給料リストを元に、音楽学の少々専門的な一端をご紹介しました。音楽学って、曲を分析するだけではないのです。作曲家が置かれていた状況や作品が成立したプロセスも、大事な研究対象。背景を深く理解することによって、曲のイメージが広がります。サービス精神あふれるハイドンの作品を聴く・弾くときには、彼の、それなりに満ち足りた三〇年近い宮仕え生活や、その後のロンドンでのさらなる活躍を思い出してください。

フルートは持ち替えだった　二管編成完成まで

オーケストラで楽器の持ち替えといえば、フルート奏者がピッコロ、オーボエ奏者がイングリッシュ・ホルン（コーラングレ）、クラリネット奏者がE♭管クラやバス・クラ、ファゴット奏者がコントラファゴットという具合に、サイズ（すなわち音域）が異なる同族楽器のかけ持ちを思い浮かべると思います。では、フルートが持ち替えって、どういうこと⁇

古典派の標準的なオーケストラ編成の復習から始めましょう。管楽器（特に四種類の木管楽器、フルート・オーボエ・クラリネット・ファゴット）が二つずつなので、日本ではもっぱら二管編成と呼ばれます。

典型的な二管編成
フルート2、オーボエ2、クラリネット2、ファゴット2、ホルン2、トランペット2、ティンパニ、弦四部

ハイドンがこの編成を使ったのは、第二期ザロモン交響曲群（一七九四－九五年作曲。28頁参照）の六曲だけ。これより早い一七八八年に交響曲を書き終えたモーツァルトは、特

殊な状況下で作った《パリ》と《ハフナー交響曲》だけしか、二管編成を使うことができませんでした。クラリネットがまだ普及していなかったからでしたね。

一方、第一番の交響曲（一八〇〇年完成）からこの編成を使ったベートーヴェンは、変形を始めます。通奏低音の流れでチェロと同じ旋律を演奏していたコントラバスに独自のパートを与え、弦四部から弦五部へ。また、ホルンを増やしたり（《エロイカ》では三つ、《第九》では四つ）、トロンボーンを加えたり（《運命》《田園》《第九》）しています。

それでは、この編成にたどり着く前はどのような編成だったのでしょうか。

一七四〇年代から八〇年頃の標準的なオーケストラ編成

オーボエ2、ホルン2、ヴァイオリン2、ヴィオラ、チェロ、コントラバス、ファゴット、鍵盤楽器（チェンバロかオルガン）、オプションでトランペット&ティンパニ

ヴァイオリン1とオーボエ1、ヴァイオリン2とオーボエ2は、多くの場合、同じ旋律を演奏。チェロ、コントラバス、ファゴット、鍵盤楽器の左手は、基本的に同じ低音旋律を演奏。鍵盤楽器の右手は、旋律と低音の間に和音を補います（鍵盤楽器が用いられた時期に関しては、様々な説があります）。この編成は、ヨーロッパ中のオペラ劇場、私的なコン

サート、公開コンサート、重要な礼拝、舞踏会などのオーケストラで使われました。特別な機会では弦の数を増やし、管を倍に。また、特殊効果のために例外的に加えられる楽器も（黄泉《よみ》の国のシーンでトロンボーンなど）。逆に低予算の場合、弦楽器は各パート二人、あるいは一人ずつに減らされました。

この初期編成（管はオーボエ2とホルン2、オプションでトランペット）から二管編成までの流れを、ハイドンの交響曲を例にまとめてみます。

1　ファゴットが独立（オーボエ2、ファゴット1または2、ホルン2）
2　フルートが加わる（フルート1、オーボエ2、ファゴット2、ホルン2）
3　フルート2になる（フルート2、オーボエ2、ファゴット2、ホルン2）
4　クラリネット2も加わる（フルート2、オーボエ2、クラリネット2、ファゴット2、ホルン2）。トランペットやティンパニも必須の楽器に

1と2は、どちらが先か微妙です。ファゴットとフルートが置かれていた状況が異なるからです。ファゴットは多くの場合、オーケストラに奏者が存在していて、通奏低音を担当していたのが、ファゴット独自のパートをもらうようになるという変化。それに対して

フルートは、奏者が新たに加わる必要があります。エステルハージ家のオーケストラには、一七六一－六五年の間フルート奏者が在籍していたため、ハイドンは初期の交響曲（第六番《朝》など）にフルートを使うことができました。でも、これはあくまで例外。基本的にフルートは、持ち替えだったのです（と、ようやく初めの疑問に戻りました）。いったい何との？

答えはオーボエ。古典派の初期においてフルートは、オーボエ奏者が演奏していたのです。この二つの楽器は交換可能で、同時に用いられないのが普通でした。モーツァルトの交響曲第二四番第二楽章で、第一・三楽章のオーボエに代わって使われるフルート。現在ではフルート奏者が演奏しますが、当時はオーボエ奏者がここだけフルートを吹いたのです。オペラの序曲に由来するもの以外は、第三一番《パリ》以前の交響曲のフルート・パートは、すべてオーボエ奏者の持ち替え。ハイドンにも、交響曲第二四番などの例があります。そういえば、エステルハージ侯のオーケストラ奏者は、弦楽器と管楽器（と打楽器）など、複数の楽器を担当できましたね。同じ木管楽器の持ち替えなら朝飯前？　当時はそれが当たり前だったからでしょうね。

奏者のやりくり　一八世紀のオーケストラ

古典派初期のオーケストラにおける持ち替えは、オーボエ奏者がフルートを吹くだけではありませんでした。一八世紀半ばの例をご紹介しましょう。一七四三年、ライプツィヒの裕福な市民たちが、プロの演奏家を集めた演奏会組織を結成（演奏会は一七八一年以降、織物業者組合の建物ゲヴァントハウスで開催されるようになりました。つまりこれは、ライプツィヒ・ゲヴァントハウス管弦楽団の前身オーケストラの話です）。［図9］は、誕生間もない一七四六―四八年の演奏会組織のオーケストラ配置図。

メンバーは、フルート1、オーボエ（兼フルート）2、ファゴット3、ホルン2、第一ヴァイオリン5、第二ヴァイオリン5、ヴィオラ1、チェロ2、コントラバス2、チェンバロ1、歌手3（ソプラノ2、アルト1）の計二七名。ヴァイオリンが五人ずつなのに、ヴィオラは一人!?

「トラヴェルソ（フルートのこと）、またはオーボエ」と書いてあるように、オーボエ奏者がフルートを持ち替え。オーボエとフルートが同時に必要な場合は、ファゴット奏者のうちの一人がフルートに。ホルン奏者の一番はヴィオラ、二番は第二ヴァイオリンも担当。トランペットとティンパニが必要な場合は、第一ヴァイオリン奏者一人と第二オーボエ奏者がトランペット、第一ホルン奏者がティンパニに。歌手のうち二人は、ヴィオラの助っ

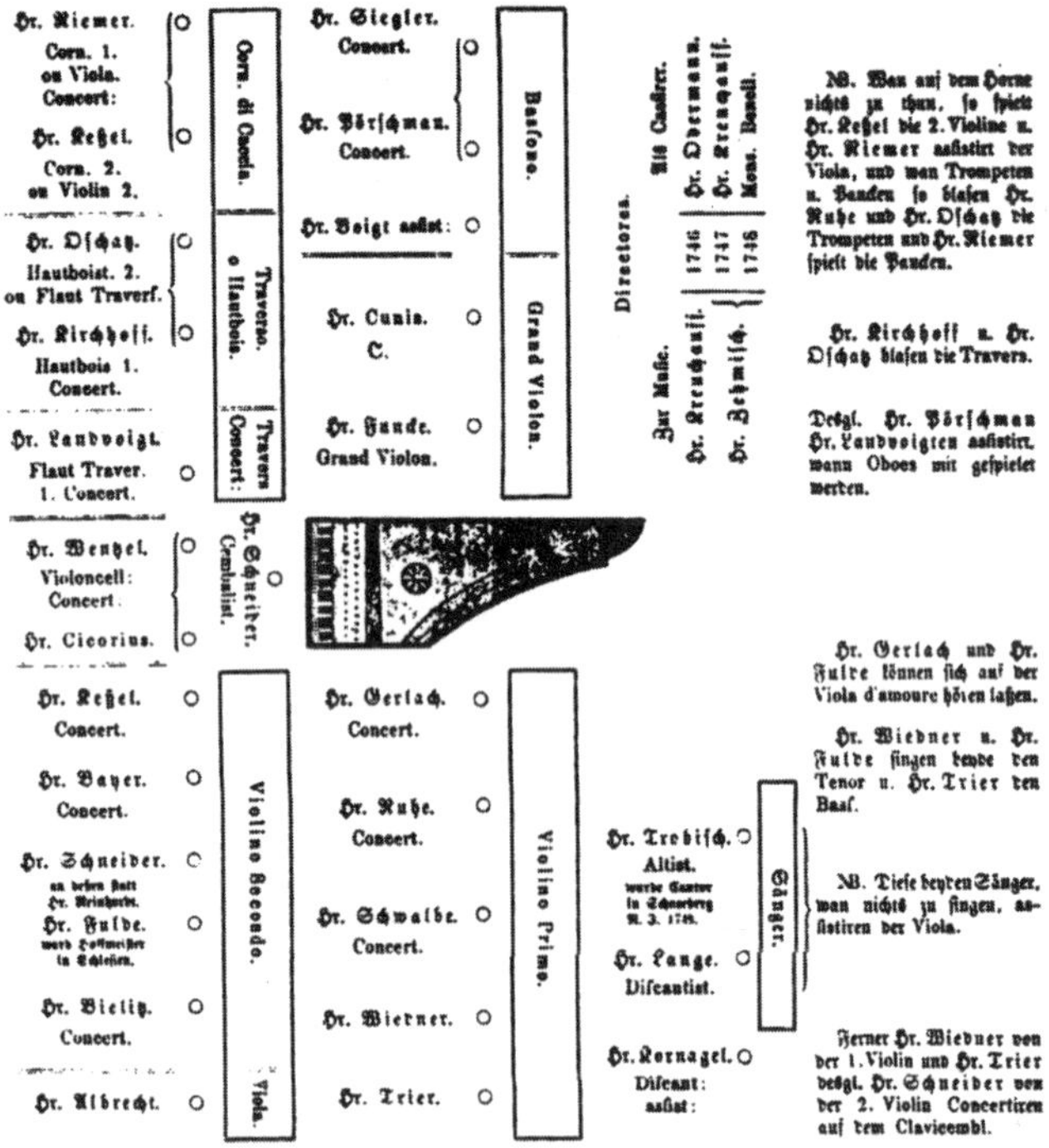

［図9］ライプツィヒの演奏会組織、1746–48年

人。声楽が含まれない曲を演奏するときは、歌手も（できるだけ）楽器演奏に加わったのですね。ということは、ヴァイオリン五人ずつにヴィオラが三人（あるいはホルン一番も加わって四人）。一方、歌手が足りない場合は、第一・第二ヴァイオリンから一人ずつがテノールを、第二ヴァイオリンの一人がバスを歌いました。

左上隅、第一ホルン奏者リーマー氏は大忙し。ホルンが含まれない弦楽合奏曲ではヴィオラを、祝祭的な曲ではティンパニを担当したのでしょう。でも、ティンパニが含まれる曲にホルンも必要だったら（おそらく必要ですよ）、どうしたんでしょうね?? 緩徐楽章のようなティンパニが休みの楽章では、ホルンを吹いたのかな?? 一曲の中で両方演奏する（ティンパニが休みの部分でホルンを持ち替える）のは、ちょっと忙しすぎるような。第二ホルン奏者だけで間に合わせたのでしょうか。

ハイドンが楽長をしていたエステルハージ侯爵のオーケストラでも、ファゴット奏者がヴィオラとティンパニも担当できましたね。あちらは一七七二年ですが、楽器のやりくりはよく似た感じです。実は、健康上・年齢上の理由で管楽器を吹けなくなったときに楽士としての地位を失わないように、管楽器奏者に早い段階から弦楽器も並行して学ばせたという、この時代ならではの事情もありました。

楽器奏者が揃わないとき

以前、「オーケストラでは、必ず指定された楽器を使わなければならないのか？」という素朴な質問を受けました。たとえば吹奏楽では、楽器がない、あるいは奏者がいない場合、そのパートを省略したり、他のパートと重なっていない部分を違う楽器で代奏したりします。でもオーケストラの本番では、プログラムの中の一曲だけでしか使わない特殊な楽器でも、省略したりせずに賛助の方をお願いしますよね。管弦楽の楽器指定は絶対に守らなければならないの？

ところが、モーツァルトが、自作を指定以外の楽器で演奏してもかまわないと言っているではありませんか！

『イ長調』の協奏曲には、二本のクラリネットがあります。——もしそちらの宮廷にクラリネット奏者がいないなら、第一奏者がヴァイオリンに、第二奏者がヴィオラによって演奏されるよう、もとの調に、有能な写譜屋なら移調してくれるでしょう。

（海老澤敏他訳『モーツァルト書簡全集Ⅵ』）

これは、一七八六年に書かれた手紙の中の、ピアノ協奏曲第二三番イ長調KV四八八についての記述。モーツァルトは同年八月八日、以前モーツァルト家の従僕であったゼバスティアン・ヴィンターを通じて、ドナウエッシンゲンのフュルステンベルク侯爵に「最近の」作品を売り込みました。九月三〇日付ヴィンター宛の手紙で、「自分のために、あるいは愛好家や音楽通の小さなサークルのために」書いた作品の中から、注文された交響曲三曲とピアノ協奏曲三曲の楽譜を、翌日別便で送ると報告。クラリネットの対処法を書き、写譜代一一九フロリン三九クロイツァーを請求しています。

すでに書いたように、当時、この新しい楽器を吹ける人は多くありませんでした。パリのコンセール・スピリチュエルやマンハイム宮廷のような、クラリネットが二本揃ったオーケストラは稀《まれ》。侯爵のオーケストラには、おそらくクラリネット奏者はいないだろうと考えたのでしょう。

なぜ侯爵が、奏者のいない楽器を含む曲を選んだのかという疑問（他の五曲はクラリネットなし）は、すぐに解けました。手紙には、室内楽以外、楽器編成が書かれていなかったからです。つまりモーツァルトは、注文主が曲を選ぶ際に、楽器編成（特にクラリネット・パートの有無）は重要ではないと考えたということ。奏者が揃わなければ他の楽器を使えばよいのですから。

このヴィンター宛の手紙は、モーツァルトが自分の定収入を増やすために考えたアイディア（毎年、フュルステンベルク侯のために何曲かの新作を書いて、年俸を受け取るという彼の提案は、実現しませんでしたが）などを伝える、貴重な資料。でも、オーケストラにおける柔軟な対応や代奏の容認という点も注目したいと思います。この曲には、当時の編成で一般的だったオーボエが使われていないのに、クラリネットの代わりに弦楽器という指示も興味深いですね。

オーケストラの楽器配置

現在のオーケストラの楽器配置の元を作ったのは、メンデルスゾーンといわれています。

一八三五年にカペルマイスターとなったライプツィヒのゲヴァントハウス管弦楽団で彼の採用したオーケストラの配置が多くの点で「完全に革命的」と評されたからです［図10］。

手前が客席。指揮者を中心に、半円形に楽器奏者が並びます。いわゆる対向型とか両翼型と呼ばれる形ですが、第一ヴァイオリンと第二ヴァイオリンの位置が現在と逆。その間に書かれた楽器名はチェロ、その後ろがコントラバスの先祖ヴィオローネ（Violone）ですね。あれれ、何か足りないような……。そうだ、ヴィオラはどこ？　ありました。三列目、木管楽器の右側。他の弦楽器よりも明らかに冷遇されていますね。

四種類の木管楽器は、音域が高い方から順番に右から一列に並んでいますね。その後ろに金管楽器。人数が多いホルンとトロンボーンが手前。バロック時代から祝祭的な音楽にペアで使われてきたトランペットとティンパニが、最も後ろです。［図11］は、一八五〇年の、ゲヴァントハウス管弦楽団のリハーサルを描い

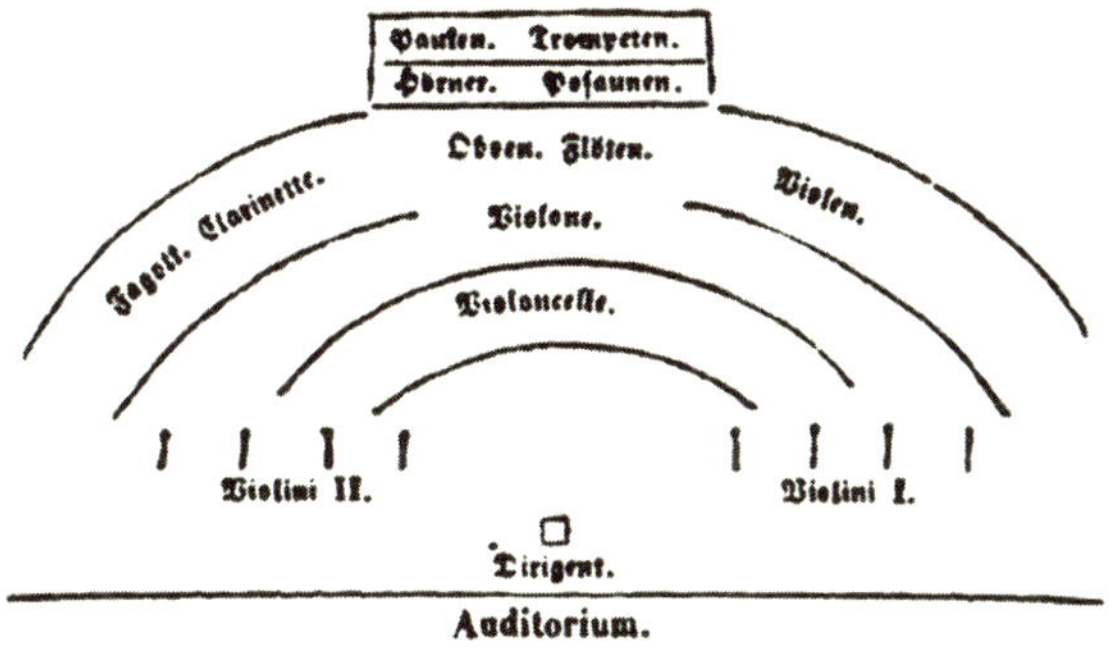

［図10］メンデルスゾーンによる楽器配置

たもの。チェロの手前は、第二ヴァイオリンということでしょうか。一人だけ台の上で弾いているのは、コンサートマスターでしょうね。彼をはじめ、ヴァイオリンは立っています。座らないと弾けない楽器以外は、立って演奏していました。

ところで、この「革命的」な配置が導入されるまで、オーケストラの楽器はどのような配置だったのでしょう。ロンドンでは、指揮者を中心に奏者が客席に顔を向けて演奏していて、コントラバスが前にいたので、ヴァイオリンの主旋律が聞こえにくかったそうです。ちょっと信じられないような話ですが、このような配置のイラストを見つけました。ヨハン・シュトラウス二世作曲の《コヴェント・ガーデンの思い出》ピアノ版（一八六七）の表紙です。右側はおそらくコヴェント・ガーデンでの演奏図［図12］。観客席に向いて弓を振りながら指揮するヨハン・シュトラウス二世の左側に、ずらっと並んだ譜面台。演奏している楽器ははっきりしませんが、譜面台がこの向きで置かれているということは、奏者も客席の方を向いているということ。そういわれてみると、指揮者の右側、ステージの端にいるのはコントラバス奏者のようにも見えますね。

［図11］ゲヴァントハウス管弦楽団の演奏風景

［図12］19世紀のオーケストラの演奏風景。ヨハン・シュトラウス2世《ワルツ、コヴェント・ガーデンの思い出》op.329 ピアノ版の表紙（ウイーン、1868年）

やかましかった！ 指揮者のお仕事

通奏低音を受けもつ鍵盤楽器奏者か、ヴァイオリンのトップ奏者（あるいはこの両者）の合図で演奏していたバロック時代。兼業指揮（?!）体制はその後も続きます。たとえばモーツァルト。コンセール・スピリチュエルの演奏会のために作ったいわゆる《パリ交響曲》の初演について、父にこのように書きました（一七七八年七月三日）。

練習のときは、とても心配でした。なぜって、ぼくは生まれてこのかたこんなひどい演奏を聴いたことがありませんでした。（中略）覚悟を固めました。もし、稽古のときのようにまずくいったら、なんとしてもオーケストラのところへ行って、第一ヴァイオリンのラ・ウーセ氏の手からヴァイオリンを取り上げて、ぼく自身が指揮をしようと。

（海老澤敏他訳『モーツァルト書簡全集Ⅳ』）

ウィーン時代にはピアニストとしての活躍が有名ですが、この当時のモーツァルトは、ザルツブルク宮廷楽団のコンサートマスター。オケを率いるのはお手のものだったはず（幸い本番はとてもうまくいったので、彼が飛び入りする必要はありませんでした）。ハイドンのロンドン招聘を実現させた興行師ザロモンも、すぐれたヴァイオリニストでコンサートマスター。もちろん兼業指揮をしていました。

当時は「音が出る指揮（というか指示）」が多かったそうです。具体的には「手を叩く」「台を叩く」「足を打ち鳴らす」（！）「叫ぶ」（!!）など。しかも「演奏の間中、ほとんどずっと」鳴っていた。たとえばパリのオペラ座の「足を踏み鳴らす、あるいは杖や弓で音が出るように叩く」指揮は、一八〇三年に「しばしば、間違いと同じくらい邪魔になる」と評されています。メンデルスゾーンは一八三一年にナポリの歌劇場で、オペラの間中ずっとファースト・ヴァイオリン奏者がブリキのろうそく立てを四分音符の速さで打っているのを聞いて「（オブリガート・カスタネットのようだけれどそれよりやかましく）歌よりもはっきり聞こえる。それなのに、歌声は決して揃わない」と書き残しています。

現在の指揮者像は、一九世紀後半以降に作られたもの。指揮者が「オーケストラの中で唯一音を出さない（出せない）奏者」になったのは、それほど昔ではなかったのですね。

オーケストラ演奏会のプログラム

第1章ですでに書いたように、昔の演奏会の構成は、現在とは大きく異なるものでした。次は、一八世紀末と一九世紀半ばのオーケストラ演奏会のプログラムです。

1 ザロモン予約演奏会、一七九一年五月二七日、ロンドン、ハノーヴァー・スクエア・ルーム

「序曲」＝交響曲（ロセッティ）

女性歌手によるアリア

ヴァイオリン協奏曲（ザロモン、独奏も）

男性歌手によるアリア

フルートとファゴットのための協奏曲

——（休憩）——

「序曲」＝交響曲（ハイドン）
「カンタータ」オペラ《哲学者の魂》より（ハイドン）
新しい弦楽四重奏曲（ハイドン）
女性歌手によるアリア
ペダル・ハープのための協奏曲（アンヌ＝マリー・クルムフォルツ、独奏も）
男性歌手によるレチタティーヴォとアリア
「フィナーレ」＝交響曲の楽章（ロセッティ）

2　フィルハーモニー協会演奏会、一八六一年三月一八日、ロンドン、ハノーヴァー・スクエア・ルーム
《サウル》から死者の行進、ケント公爵夫人追悼のため（ヘンデル）
交響曲第二番（ベートーヴェン）
《忠実な妻》からアリア（パチーニ）
ロマンス（メルカダンテ）
序曲《オイリアンテ》（ヴェーバー）
――（休憩）――

交響曲第三番《スコットランド》（メンデルスゾーン）
「スティリアのメロディー」より二重唱（ベネディクト）
序曲《ウィリアム・テル》（ロッシーニ）

1は、すでに述べた「交響曲《シンフォニーア》」が出世した演奏会シリーズの中の一つ。曲数が多くしかも雑多なのは、この時代、演奏会の数が非常に少なかったため、様々な好みをもつ聴衆のすべてが、何かしらの曲で満足できるようにという配慮でしたね。

2では、曲数は減りましたが、器楽曲と声楽曲が交互に並ぶ構成は変わりません。実際、七〇年もの時が過ぎているとは思えないほど、構成がよく似ていることに驚かされます。オーケストラの演奏会なのに声楽曲が含まれるプログラムは、ロンドンに限らずライプツィヒやパリでも、一九世紀後半でもみられます。

でも、一見似かよって見える二つのプログラムには、実は大きな違いがあります。各コンサートで取り上げられた作曲家に着目してください。

1　ザロモン予約演奏会、一七九一年五月二七日
　ロセッティ（一七五〇－一七九二）

ザロモン（一七四五－一八一五）
ハイドン（一七三二－一八〇九）
アンヌ＝マリー・クルムフォルツ（一七六六－一八一三）

2　フィルハーモニー協会定期演奏会、一八六一年三月一八日
†ヘンデル（一六八五－一七五九）
†ベートーヴェン（一七七〇－一八二七）
パチーニ（一七九六－一八六七）
メルカダンテ（一七九五－一八七〇）
†ヴェーバー（一七八六－一八二六）
†メンデルスゾーン（一八〇九－一八四七）
ベネディクト（一八〇四－一八八五）
ロッシーニ（一七九二－一八六八）

違いは歴然ですね。1の演奏会では、まだ生きている作曲家ばかり。一方2の演奏会では、生きている人は半数。声楽曲の作曲家が記録されていないザロモン演奏会と条件を合

わせるためにパチーニとベネディクトを除くと、三分の二が亡くなった作曲家（†印）です。

　現在、アマ・オケの演奏会で存命の作曲家の作品を演奏することは、ほとんどありませんよね。ショスタコーヴィチやハチャトゥリアンでも、亡くなってから約半世紀が経ち、モーツァルトとハイドンは二〇〇年以上！　プロ・オケでも、特別なシリーズや委嘱作品を除くと、ほとんどが亡くなった作曲家の曲ばかりです。

　でも、一八世紀のコンサートは最近の音楽を聴くもので、古い作品を聴くという発想は一般的ではありませんでした。したがって、生きているか、あるいはついこの前まで生きていた作曲家の作品が演奏されたのです。一七八一年に発足したゲヴァントハウス管弦楽団が一七八〇年代の定期演奏会で取り上げた曲の中で、亡くなった作曲家の割合はわずか一一％。この割合が徐々に高くなり、一八七〇年代には七六％に。一九世紀に設立されたパリ音楽院演奏協会や、ロンドンのフィルハーモニー協会の定期演奏会も同様で、一八七〇年代にはそれぞれ七八％と八五％が、亡くなった作曲家の曲になります。

　変化の原因は？　一八世紀まで作曲家は「職人」。命令・注文されて、あるいは特定の機会のために作曲するものでした。このような（「交響曲」を含む）機会音楽は、多くの場合ほぼ使い捨て。また、オーケストラ演奏会における声楽曲や協奏曲は、曲を楽しむ以上にソリストの妙技を楽しむものでした。次々に新しい作品が求められたのは当然です。

これを変えたのが、ベートーヴェン。量産され使い捨てられた開幕ベル代わりの「交響曲」は、彼によって、作曲家がもてる力をすべて注ぎ込んで、それまで誰も試みなかったような作品を作る記念碑的なジャンルに変貌しました。このようにして作られた九曲は、演奏会においてユニークな地位を得ます。ゲヴァントハウス管弦楽団の定期演奏会では、一八〇七年という非常に早い時期に、休憩後は交響曲（《エロイカ》）一曲だけという現在のようなプログラム構成が試みられました。他の交響曲も《第九》以外は一八一八年までに演奏され、その後、少なくとも三年に一度は取り上げられています。

ロンドンのフィルハーモニー協会コンサートのプログラムを調べてみました。一八二五年（このオーケストラの委嘱がきっかけで作曲された《第九》が、やはり第二部が一曲のみというプログラム構成でロンドン初演された年）から三四年までの計八〇回の定期演奏会中、七五回でベートーヴェンの作品（交響曲、協奏曲、室内楽、歌曲）が一曲以上取り上げられています。交響曲は全部で六四回！　第五、六、七番は、この一〇年間、毎年欠かさず演奏されていました。ベートーヴェンと彼の交響曲を特別視する傾向は、一八二七年の没後に衰えるどころかますます盛んになり、一九世紀を通して続きます。

生きている作曲家の作品中心から、亡くなった作曲家の作品中心へ。交響曲の在り方を変えたベートーヴェンは、音楽を享受する側の意識も変えました。プログラムの変化は、繰り返し演奏し視聴する「芸術作品」の成立の反映でもあるのです。

管弦楽団VS交響楽団

オーケストラには、二種類の呼び方がありますね。ウィーン・フィルのような管弦楽団と、N響のような交響楽団。この管弦楽団と交響楽団の違いは規模の違い？　結論から言うと、構成や規模、役割の違いによる使い分けは特にありません。

管弦楽団はphilharmonic orchestra、交響楽団はsymphony orchestraの訳。シンフォニー・オーケストラは文字通り、交響曲を演奏するオーケストラという意味ですね。フィルハーモニック・オーケストラもオーケストラだけですでに管弦楽（団）ですから、後者の「フィルハーモニック」部分は訳出されていません。

フィルハーモニー（フィルハーモニックは形容詞形）とは何か。philo-（母音の前ではphil-）

は古代ギリシア語で「愛、愛すること」。philosophy（哲学）という言葉が、「sophia（智）」への「philo-（愛）」に由来することは、よく知られていますね。philharmonyは「ハーモニーへの愛」。

つまり調和への愛、あるいは和声（ハーモニー）への愛。フィルハーモニーは、音楽を愛する者ということ。そのような音楽愛好家たちの団体の名称に使われました。たとえば、一六六六年にプロの音楽家たちによって設立されたボローニャのアカデミア・フィラルモニカ（Accademia Filarmonica di Bologna）は、ボローニャ音楽愛好アカデミーということ。一七七〇年には当時一四歳のモーツァルトが試験を受け、入会を認められています。

ロンドンのフィルハーモニー協会（Philharmonic Society of London）も同様。一八一三年にプロの音楽家によって、器楽の公開演奏会を促進するために作られました。《第九》やメンデルスゾーンの《イタリア》（一八三三）、サン＝サーンスの《オルガン付》（一八八六）などを委嘱。このような協会は各地にありましたが、ヨーロッパで最初に作られたのは、なんとロシアはサンクトペテルブルクのフィルハーモニア協会（一八〇二）でした。一八四二年には、ニューヨークにも。会員たちが演奏を楽しむ会場がフィルハーモニーと呼ばれたり、そこを本拠とするオーケストラが「フィルハーモニック・オーケストラ」と呼ばれることもありました。

これらのフィルハーモニー協会は、宮廷ではなく主に市民階級によって運営され、自分たちが聴きたい曲を中心にした演奏会を主催していました。小規模な曲はサロンなどの私的なコンサートで聴くことができましたから、協会コンサートの中心はオーケストラ曲。定期演奏会ではベートーヴェン（やモーツァルト、ハイドン）の交響曲が頻繁に演奏され、レパートリーの核として特別な地位を得ていく一因に。シンフォニー・オーケストラは、このようにして交響曲が器楽曲の最重要ジャンルに就いた後に使われるようになった名称です。

というわけで、フィルハーモニック・オーケストラとシンフォニー・オーケストラは、あえていうなら歴史の違い。現在の○○フィルの母胎が各地のフィルハーモニー協会とは限らないので、必ずしも前者が後者より古いわけではありません。でも交響楽団は、開幕ベル代わりだった「交響曲《シンフォニーア》」が演奏会の中心になり、それが定着した後に成立した名称。少なくとも、一九世紀最後の三分の一以降の創立のはず。ボストン交響楽団（一八八一）、シカゴ交響楽団（一八九一）のように、歴史の浅いアメリカにシンフォニー・オーケストラが多いのもうなずけます。オーケストラが生まれてから一〇〇年そこそこの日本では、愛好家という意味などあまり気にしていないようですね。もちろん、交響楽団も交響曲だけを演奏するわけではありませんし、音楽を愛する者の集まりであることは変わりませんから。

未来のオーケストラ

よく考えるとオーケストラって、一九世紀の後半以降、あまり変化していません。編成はずいぶん大きくなりました。たとえば、ほとんどのマーラーの交響曲では木管楽器奏者が四人以上ずつ必要ですし、金管楽器も増加（特にホルン）。バランスをとるために弦楽器の人数も増えますから、演奏会ではステージ上が人でいっぱいに。

これって、とても原始的（シンプルというべき⁇）な発想ですよね。大きな会場で大勢の聴衆に届くような大きな音が必要なら、楽器の数を増やせ！　オーケストラには、二〇世紀に発明されたマイクやアンプなどの文明の利器は不要。一九世紀後半どころか、ベートーヴェンやモーツァルトの時代の演奏会と、考え方は同じです。

もちろん、二〇世紀に入って変化したこともあります。弦楽器のガット弦に代わってスティール弦や金属を巻いた合成弦が主流に。一九三〇年代にはヴィブラートが常用されるようになり、弦セクションの音量や輝かしさが一段と増加。管楽器奏者もヴィブラートを使うように。

しかし、オーケストラの楽器編成は基本的に変わりません。一九世紀後半に加わってオーケストラの定位置（ほぼ）を占めるようになったのは、テューバくらいではないでしょうか。管楽器ではサクソフォーン、コルネット、フリューゲルホルン、ヴァーグナー・テューバなどが使われたものの、定着せず。テルミン、オンド・マルトノなどの電子楽器や、録音された音やコンピューター処理された音がオーケストラとともに使用される曲も作られましたが、実験的試みの域を出ません。

ただ、打楽器は様変わり。多種多様なものが使われるようになりました。木魚（テンプル・ブロック）、銅鑼《どら》、マラカス、ギロなど、ヨーロッパ以外の地域の楽器も目につきます。主音と属音に合わせた二個のティンパニを一人の奏者が叩いていた時代を考えると、夢のようです。鍵盤楽器もオーケストラに再登場。通奏低音の担い手だった一八世紀とは違って、打楽器とみなされます。

管弦打楽器がそれぞれセクションごとに陣取って、指揮者の合図で一緒に演奏し音楽を作り上げるというオーケストラの基本スタイルは、ここ一〇〇年以上変わっていません。

オーケストラって、一九世紀中にほぼ完成してしまいました。現在私たちは、その伝統・遺産を受け継ぎ、保存を続けています。

五〇年後、一〇〇年後、オーケストラはどうなっているのでしょうね。録音や録画の技術が進歩し、会場へ行かなくても臨場感あふれる演奏を体験できるようになっていることでしょう。現在の私たちが「モーツァルトの時代はテレビもCDもYouTubeもなかったから、実際に出かけて行かなければ、その町の音楽を聴けなかったんだよ」と言うように、「二一世紀になってからも、わざわざ演奏会場に出かけて行かなければ音楽会を聴けなかったんだよ」なんて。完璧な技術と音楽性を備えたロボットたちが、演奏しているかもしれません。あるいはほんの少しだけ不完全にプログラミングされて、人間っぽさを演出しているかも。でも、オーケストラが過去一〇〇年間ほとんど変わらなかったように、この先一〇〇年間も変わらないような気もします。オーケストラの未来の姿を想像するのは難しいですね。

COLUMN

見る人は見ている

音大で西洋音楽史を受講している管弦打楽器の専攻生の多くは、中高時代の吹奏楽部がバックグラウンド。オーケストラについて、よく知らない学生もいます。この前も、「《ローマの祭り》をオーケストラで聴いたら、なんか変でした〜!」なんて言われて、脱力(レスピーギの《ローマの祭り》の吹奏楽用アレンジは、私も高校時代に取り組んだことがありはます)。教科書や講義に出てくる古典派・ロマン派の作曲家の作品を実際に「体験」してほしいと考え、オーケストラ・レポートを課しました。

歴史的な考察だけではなく、演奏会の感想を自由に書いてもらったところ、耳が痛い、あるいは思わず苦笑させられる指摘が続出! オーケストラ奏者の方の参考になるのではと思い、彼らの許可を得て一部を紹介します(末尾のかっこ内の大学、プロ、一般はそれぞれ、大学オケ、プロ・オケ、市民オケの演奏会に対する感想の意味)。

プロの卵たちなので、演奏に関してシビアなのは当然です。

・あまり背伸びしすぎないで、実力や練習時間の実情を考慮した上で選曲すべきでは（大学）
・メインとサブの［演奏の］クオリティの差がないようにすることも大切（一般）
・全員が［演奏することに］必死になってしまって、指揮者がせっかくたくさん表現しているのに、ほとんど見ていない感じがした（大学）
・個人が気持ちよさそうな人が多い。オケの中で自分の音が他の楽器と合わさる良さより、自分が吹いてます、弾いてますという感じが伝わってきた（一般）

しかし、演奏以外にも鋭い指摘が多くありました。まず、ステージ・マナーについて
・コンマスの入場の仕方。へろへろ歩き、よろよろお辞儀。何となくオケの音が想像できた。そして予想が的中してしまった（大学）
・脚を少し目立つくらい動かしていた人がいて、気になった（一般）
・ドレスを持ち上げて歩くとき、客席側を持ち上げていた（大学）
・入場は格好良く、決まっていたが、退場するときは気が抜けたように見えた（大学）
・協奏曲の独奏者がアンコール演奏する間、ヴァイオリンの人たちが暇そうだった

（プロ）

プログラム解説について

・「ピッコロの出番はこの一音のみなので、聴いてあげてください」「〇✕響のランパルと呼ばれるフルート奏者が鮮やかに演奏いたします」など、なんとなく不快に感じてしまった（一般。フルート専攻生のコメント）

・書いた方の経験談や曲の面白いところを紹介し、最後に「この曲は単純だが元気な曲である」と書いてあって、聴きたい！　と思った（一般）

・「役割分担されたから解説を書いている」という感じがちょっぴり出ているもの（大学）もあれば、「この曲についてもっと知ってほしい」というポジティヴなベクトルが出ているように感じられるもの（一般）もあった

スタッフについて

・スタッフの対応が悪すぎてびっくり！　あいさつもなければ話をして盛り上がっているだけ（大学）

・ドア担当がいなかったので、演奏中に出入りする人がいて気になった（大学）

・アンケート回収ボックスや団員が、会場出口を塞《ふさ》いで大変混雑していた（一般）

・終演後、アンコール曲名の掲示を通路のど真ん中に置いていて、動線の確保が不十分だった（一般。マネージメントなどを目指す科の学生のコメント）

最後に、思わず笑ったコメント二つ

・舞台に出てから一生懸命にネクタイを直している人がいて、出る前に裏でやってきなよーと思った（大学）

・ファースト・ヴァイオリンの3プルト［前から三列目］あたりに、弾くときに全然動かない人がいたり、一方で（多分エキストラだと思うが）5プルトあたりで誰よりも激しく動く人がいて、それはちょっとなと思ったし、たいして弾けなくても動いていると案外弾けているように見えるから、もっと動けばよいのにとも思った（大学。ヴァイオリン専攻生のコメント）

いいえ、笑っている場合ではありませんね。皆さまも参考にしてください。

ケース・スタディー

1 ベートーヴェン《運命》

2 ベートーヴェン《第九》

ケース・スタディー 1《運命》

《運命》と呼ぶのは日本だけ⁉

数あるクラシック音楽の中でおそらく最もポピュラーなオーケストラ曲、《運命》。しかし、ベートーヴェン作曲交響曲第五番ハ短調作品六七を《運命》と当たり前に呼ぶのは、日本くらいのようですよ。お手持ちのCDジャケットをご覧になってみてください。輸入版はもちろん国内版でも、アルファベット表記は

Symphony No.5 in C minor, op.67（英語）
Symphonie Nr.5 c-moll op.67（ドイツ語）

だけのはずです。たとえ、日本語表記に「運命」が含まれていても。

三番や六番には必ず、"Eroica"や"Pastorale"が続きます。これらはいずれも、ベートー

ヴェン本人がつけた副題。ＣＤでも研究書でも、タイトルの一部として表記されます。一方五番は、ベートーヴェンが「運命は斯《か》くのごとく戸を叩く」と語ったと伝えられているだけ。彼が副題に採用したわけではありません。

ベートーヴェンが実際にそう言ったかどうかもわかりません。シンドラーが、そのように書き残しているだけ。晩年のベートーヴェンを秘書のように世話したシンドラーですが、一方でベートーヴェンの死後、会話帳を自分の都合がよいように改ざんしたのも事実。この運命のエピソードのように彼だけが伝える話で、しかも自分がベートーヴェンにとって特別な存在であったと示すのに都合のよい内容のものは、信用できないのです。

まあ、そこで出版されたというだけで、一時期《イギリス》と呼ばれていた交響曲があったくらいですからね……。少なくとも日本では、《運命》のニックネームが売り上げに貢献しているのは確かでしょうね。

《運命》第一楽章はふりかけごはん

《運命》と聞いてまず思い浮かぶのは、子供でも知っているジャ・ジャ・ジャ・ジャーン！　でしょう。ベートーヴェンはこの緊張感あふれるオープニング「ソソソミー」の

「動機」で、一つの楽章を作り上げてしまいました。「動機」は「音楽における最小のまとまり」で、モティーフとも呼ばれます。

交響曲のような大規模な曲を作る場合、主題（テーマ。ひとまとまりの旋律）を複数の動機に分割し、それらを用いて楽章を構成するのが普通です。ところが、《運命》第一楽章の核となる動機は一つ。三つの短い音と一つの長い音から成る、タタタターン！ いわゆる「運命動機」です。

この動機を大きな音で二回繰り返し、さらに弦楽器が次々とかけ合いで演奏する、タタタターンだらけの第一主題部。ホルンが同じ動機で誘い出した第一ヴァイオリンによる第二主題（六三小節）で、ようやくあの不安気な「運命動機」から解放されるかと思いきや、実はチェロとコントラバスが低音で、静かに不安気にタタタターンを繰り返しています。展開部はもちろん、コーダもタタタターンだらけ。

こうして見ると、第一楽章はまるで、ごはんに「運命動機」のふりかけをまぶしたようです。お赤飯の上にパラパラとごま塩がのっている、なんていう次元（!?）ではありません。白いごはんが見えないくらい、徹底的にふりかけをかけ、混ぜ込んでいます。シンプルな（たとえば乾燥シソ？）「運命動機」一種類のふりかけだけで、第一楽章一丁あがり〜！ 動機の展開（動機労作と呼びます）が得意なベートーヴェンならではの、究極の節約術です。

《運命》全体もふりかけごはん？

徹底的にふりかけを混ぜ込んだ第一楽章に続き、ベートーヴェンは第二楽章以降も「運命動機」ふりかけを使い続けます。

第三楽章スケルツォの主題としてホルンが高らかに歌い上げるタタタターン！　も、短い音三つ＋長い音一つの「運命動機」。実は、第一楽章の「元祖運命動機」には最初に短い休符が付いていて、正確にはンタタタターンでしたが、第三楽章でベートーヴェンは少し形を変え、聞こえないけれど演奏者にとってやっかいな、ンタタタターンの「ン」を省きました。

さらに、四つとも同じ高さの音にしています。そして、第四楽章第二主題の三連符＋四分音符パターン［譜例15］の、短い音三つ＋長い音一つの組み合わせでは、四つの音の高さをすべて変えています。

それでは、第二楽章では、どこにどのような形で「運命動機」が使われているでしょうか。「二三－四小節目、クラリネットとファゴットが受け

［譜例15］運命動機最終版

もつ後半主題、ラーラーシードーーの八分音符三つ＋四分音符一つのパターン！」確かにここを挙げたくなりますよね。でも、ここでは第一楽章の「ンソソソミー」と第三楽章の「ソソソソー」の間にうまくはまりません。急に形が変わりすぎます。正解は、七六ー七小節でヴィオラやチェロが遠慮がちに弾く、［譜例16］のリズム。チェロには八八小節以降も出てきますね。この最初の四音が、「運命動機」の縮小バージョンです。えーっ⁉　これが⁉　と驚かれた方も多いと思います。

　このささやくように弾かれる音型、仮に冒頭の三二分休符なしにタカタカタッタッタと刻んだとしても、あまり変わらないのではないでしょうか。むしろ、その方が弾きやすいはず。それをあえて、最初にンという休みを入れたのは、やはりンタタタターンの「運命動機」を意識したからでしょう（だから、ここを目立つように弾くべきだ！　と言っているのではありません。念のため）。

　休符付きンタタタターンのパターンは第一楽章のまま。でもここでは、たとえば「ンラララファー……」と長い音の音高を下げずに、四つとも同じ音に変形し、この形が第三楽章に引き継がれます。全楽章の形をまとめると、ベートーヴェンが「運命動機」をとても慎重に変形していることがわかりますね。

［譜例16］運命動機縮小版

・第一楽章　ンタタターンのリズムで、最後の音がその前のタタタより低い「元祖運命動機」
・第二楽章　ンタタターンのリズムは保たれるが、四音すべてが同じ高さに
・第三楽章　四音すべてが同じ高さ。最初の休符ンがなくなる
・第四楽章　休符がなくなったまま、四音すべてが異なる音の高さに

ベートーヴェンは、たった一つの動機を交響曲全体に使うことで四つの楽章に統一感を与える一方、三つの短い音＋一つの長い音というリズム・パターンを保ったまま、少しずつ動機の形を変えていくことで、音楽を展開・発展させる原動力にしているのです。二楽章以降は、ふりかけの量や味を変化させ、他のおかずも一緒に出してくれる感じかもしれません。

「掟《おきて》破り」のベートーヴェン

ベートーヴェンは《運命交響曲》で、たくさんの新しい試みを実行しています。一つの

シンプルな動機をもとに一つの楽章を構成することや、その動機を残りの楽章にも使って全体の統一を図ることも、革新的な試みです。

第三、第四楽章にも、二つの新しい試みが見られます。一つはこの二つの楽章を続けていること。スタッカートで弱奏される第三楽章の二度目のスケルツォ（幽霊スケルツォ）の後、「運命動機」から変化した同音連打がクレッシェンドで続くうちに、終楽章が始まってしまいます。もう一つは、第四楽章の途中でその幽霊スケルツォが突然戻ってくることです。どちらも、ロマン派時代にはよく使われる手ですが、この時代には「ありえない！」ことでした。「革新性」というよりむしろ「掟破り」です。

交響曲の四つの楽章は本来、テンポが遅くて静かな楽章とか、三拍子でＡＢＡ構成の楽章とか、それぞれ固有の性格をもっていて、かつ互いに独立した存在であるはずでした。ところがベートーヴェンは、交響曲第五番の三楽章と四楽章を、つなげてしまったのです。どこから第四楽章かは明らかですが、第三楽章は完結しません。これでは、楽章の独立性が損なわれてしまいます。掟破りその一です。

しかも、第四楽章の途中で、この楽章と全く異なる性格をもつ第三楽章の一部を、唐突に登場させました。第四楽章には第四楽章固有の性格があるのに、第三楽章の性格が混じり込み、楽章固有の性格が薄められてしまいます。この掟破りその二は、後にロマン派の作曲家が使用する「循環形式」の先駆けとみなされます。

これらの掟破りは他の交響曲でさらに徹底されます。交響曲第六番《田園》でベートーヴェンは、三、四、五の三つの楽章を一続きに作曲しました。交響曲なのに五つ目の楽章を作ってしまったことや、「標題」を付けてしまったのも、掟破り。また、交響曲第九番の終楽章では、先行する三つすべての楽章の一部が再現されます。しかも、なんと歌まで入れてしまったのです！　交響曲って、器楽の、器楽だけのためのジャンルなのに。

常に新しいことを試み、独創性を追求したベートーヴェン。他人と同じではつまらない！　彼にとって掟は、破るべき存在だったのかもしれませんね。

《運命》の初演

一八〇八年一二月二二日、ウィーンのアン・デア・ウィーン劇場で、ベートーヴェンのハ短調交響曲が初演されました。作曲者本人の企画による、彼の作品のみで構成された大音楽会《アカデミー》です。一八〇九年一月二五日号の『ウィーン一般音楽新聞』によると当日のプログラムは次のとおりです（かっこ内は補足）。

第一部

1　田園交響曲第五番（第六番）、絵画というよりむしろ感情の表現

2　アリア。独唱はキリツキー嬢（《ああ、裏切り者》作品六五）

3　ラテン語の歌詞による讃歌（ミサ曲ハ長調作品八六からおそらく〈グローリア〉）

4　ピアノ協奏曲（第四番、ベートーヴェンによる独奏）

第二部

1　大交響曲ハ短調第六番（第五番）

2　ラテン語の歌詞による聖歌（ミサ曲ハ長調からおそらく〈サンクトゥス〉）

3　ピアノ独奏のための幻想曲（ベートーヴェンによる即興演奏）

4　ピアノ、管弦楽、最後に合唱が加わる幻想曲（《合唱幻想曲》作品八〇）

《運命》が第六番、《田園》が第五番と書かれているのは、単に演奏順序によるのかもしれません。一二月二二日とはずいぶん寒い時期。こんな時期を選んだのは、クリスマス前のアドヴェント（カトリックやルター派プロテスタントでは待降節、聖公会では降臨節）はオペラや芝居の上演が禁止されていたから。イースター（復活祭）前のレント（カトリックやルター派プロテスタントでは四旬節、聖公会では大斎節）と同様、アドヴェントも悔い改めや節

制の期間。ほとんどの日に複数の劇場でオペラが上演されていたウィーンでも、レントの期間とアドヴェントのうち一二月一六日から二四日までは、一七七七年の勅令で公演が禁止されていたのです（もともと王侯貴族の楽しみとして始まったオペラは、衣装や舞台装置などにも多額のお金が必要な、贅沢で豪奢なもの。この時期にふさわしくないとされたのですね）。

音楽会を開くなら、この期間が狙い目。劇場も借りやすいし、仕事が休みのオーケストラ奏者たちを雇うこともできます。なにより、オペラや芝居とバッティングしないので、多くのお客さんを見込むことができます。ただ、寒い！

ベートーヴェンの有力なパトロンの一人ロプコヴィッツ侯爵のボックス席で聴いていた、作曲家で文筆家ヨハン・フリードリヒ・ライヒャルトは、この音楽会《アカデミー》について次のように記しています。

われわれは物凄い寒さのなかを六時半から一〇時半まで耐え忍び……（中略）多くの演奏間違いがわれわれの忍耐心をひどく苛立たせはしたものの、私にはこの極めて温厚で思いやりのある［ロプコヴィッツ］侯と同じように、コンサートがすべて終わる前にその席を立つことはできませんでした。（中略）歌手とオーケストラはまったくの寄せ集めで、この難曲揃いの演奏曲目の完全なリハーサルは一度たりともすることができなかったのです。（中略）この厳しい寒さでは、この美人［独唱をしたキリツキー嬢］が今日は歌うよりも震えていることの方が多かったからといって、彼女を恨むわけにはいかないでしょう。われわれだって狭いボックス席で毛皮とマントにくるまりながら震えていたのですから。（中略）ベートーヴェンが神聖なる芸術的熱心さのあまり聴衆や場所のことを考えないで、［合唱幻想］曲を途中で止めさせ、最初からもう一度やり直すよう叫んでしまったから……私が彼の友人たちともどもいかに困惑したか、おわかりでしょう。あの瞬間、もっと前に会場を出る勇気を持っていたなら、と思いましたよ（後略）

（『ベートーヴェン全集5』講談社）

この意欲的な音楽会《アカデミー》は、大失敗に終わりました。予定されていた独唱者は、ベートーヴェンとのつまらない口論のために出演を拒否。急遽、キリツキーが代わりに。ライヒャルトが書いていたように、最後の《合唱幻想曲》では途中で演奏がずれて、もう一度初めからやり直さなければなりませんでした。主な原因は練習不足。当時、オーケストラの総練習は一回というのが普通だったそうですが、この演奏会では曲目が多すぎて、全部を通す時間さえなかったといいます。ベートーヴェンは、同日ブルク劇場で行われたハイドンの作品による音楽家未亡人協会のためのチャリティー・コンサートに、優秀な演奏家を取られてしまったと書き残していますが、彼の革新的な書法は、仮に演奏家が優秀であったとしても難かしかったことでしょう。

ところで、このプログラム、ザロモン・コンサートのプログラムとよく似ていますね。第一部と第二部がともに交響曲で始まり、その後に独唱や協奏曲、即興演奏が続きます。客席の照明を暗く、ステージを明るくして開幕を知らせることができなかったろうその時代に、「交響曲《シンフォニーア》」は、オペラやコンサートの開始を告げる曲でした。ベートーヴェンは、この伝統的なプログラム構成を踏襲しています。しかし、《田園》と《運命》交響曲は、序曲の役目を果たすには成長しすぎました。この演奏会のメインとして新たに作曲された《合唱幻想曲》よりも、冒頭に置かれた二つの交響曲の方が、音楽的にはるかに深く重要な意味をもっています。

ベートーヴェンの九作品により、交響曲は「作曲家が一曲ごとに、もてる力をすべて注ぎ込んで作る」「作曲家の力量を推し量る指標となる」ジャンルにまで高められました。交響曲の歴史においてこの一八〇八年一二月のベートーヴェン音楽会《アカデミー》のプログラムは、現代まで続く交響曲像が完成する直前の、一八世紀的な概念と一九世紀的な実像の矛盾を映し出す好例といえるかもしれません。

ケース・スタディー 2《第九》

倍管は珍しくなかった《第九》の初演（一）

ベートーヴェンの交響曲第九番は、一八二四年五月七日に、ウィーンのケルントナートーア劇場で初演されました。当日のプログラムは次のとおりです（かっこ内は補足）。

1 大序曲（《献堂式序曲》作品一二四）
2 独唱と合唱を伴う三つの大讃歌（《ミサ・ソレムニス》作品一二三より〈キリエ〉〈クレド〉〈アニュス・デイ〉）
3 終楽章にシラーの「歓喜に寄せて」による独唱と合唱が入る大交響曲（交響曲第九番作品一二五）

オーケストラは大編成。弦楽器奏者の人数は、第一ヴァイオリン12、第二ヴァイオリン

12、ヴィオラ10、低弦（チェロとコントラバス）12。バランスをとるために、管楽器は二倍（倍管）だったと考えられます。合唱は九〇数名。ピアノも使われましたが、ミサ曲のオルガン・パートを弾いただけだった可能性もあります。五月二三日の再演は、王宮内の広い大レドゥーテンザール（舞踏ホール）で行われたので、弦楽器の数が14、14、10、12に増やされました。

ケルントナートーア劇場所属の合唱団員は、ソプラノとアルトを受けもつ少年が一六人ずつ、テノールとバスの大人が各一七人前後。この時期の宮廷劇場オーケストラの人数はわかりませんが、一七九六年の記録では、弦が上から6、6、4、3、4の計二三、木管四種とホルン、トランペット各2、ティンパニ1。全部で三六人でした。一八二四年でもそれほど変わらなかったでしょうから、プロだけでは足りません。一八一二年に設立されたアマチュアの音楽愛好団体ウィーン楽友協会がオケと合唱の両方を補強したと、『ウィーン一般音楽新聞』が報告しています（七月一日付）。

《第九》には合唱が入るため、特別にこのような大編成にしたのかと思っていたのですが、違いました。同じ大レドゥーテンザールで一八一四年二月二七日に行われた交響曲第八番の初演と、それに先立って一月二日に行われた交響曲第七番の再々演。ベートーヴェン自身が弦の数を、18、18、14、12、7と日記に書いています。弦楽器が合計六九ですから、

管楽器はもちろん倍管だったはず。すべての管パートが二倍だったとすると、二四。ティンパニを加えて、総勢九四名⁉

前年一二月八日と一二日に、ウィーン大学講堂で行われた第七交響曲の初演・再演も、これと同じ編成だった可能性があります。『ウィーン一般音楽新聞』が一二月一一日付で、「ウィーンの最も卓越した音楽家たち（およそ一〇〇名）」と書いているからです。これら四回の演奏会のメイン曲は、《ウェリントンの勝利（戦争交響曲）》作品九一。戦闘や勝利の場面で使われる一斉射撃（‼）や打楽器のために、奏者が増やされましたが、その人数を割り引いてもものすごい大編成！　アマチュア奏者が、たくさん参加したと考えられます。

マイクがないどころか、楽器の改良もあまり進んでいなかったこの時代。大きな会場で演奏する場合、十分な音量を確保するためには、奏者の人数を増やす以外に方法がありませんでした（マイクが発明されても変わりませんが）。聴衆に強く訴えかけるためにも、大きな音量による迫力が欠かせません。楽友協会オーケストラの弦楽器奏者は常時七〇人おり、一八一五年に始まった演奏会では、必要に応じて倍管にしていました。

ベートーヴェンに限ったことではありません。モーツァルトも、自分が指揮した交響曲の編成を、「四〇本のヴァイオリンに管楽器の数はすべて二倍、それにヴィオラ10、コントラバス10、チェロ8、ファゴット6」と父に書き送りました（一七八一年四月一一日付、ウィーン）。弦楽器が全部で68、管楽器26（フルート、オーボエ、クラリネット、ホルン、トランペットが各4、ファゴット6）、ティンパニ、鍵盤楽器で、九六人の編成ということになりますね。これが《パリ交響曲》を指すのかハ長調三四番を指すのか意見が分かれていますが、《第九》に負けない編成です。

話をベートーヴェンに戻すと、彼は大レドゥーテンザールでの第七番、第八番の演奏会に関して、日記に弦楽器の数だけではなく、スコアにはないコントラファゴット2とも書き込んでいるそうです（ということは、これもオケ総勢九六名!?）。当時の演奏者の数は、倍管も含め、私たちが考えるよりもずっと柔軟に変えられていたことがわかります。それから、ピアニッシモ部分ではパート譜に「ソロ」と記入されているため、倍管といっても常に全員が吹いていたわけではありませんでした。

どこで弾いていたのか？

「もちろん、オーケストラはステージ前方でしょ？　奥に合唱団が並んで」とお思いの方が多いでしょうが、残念ながら違います。ベートーヴェンの時代になっても、音楽といえば声楽。器楽は一段（？）劣る脇役と考えられていました。ステージ上で演奏する（できる）のは、ソリスト（声楽でも器楽でも）と、歌の人。

オーケストラが演奏する場所は、いわゆる「オーケストラ」（87頁参照）。客席とは仕切りを隔てているだけです。［図13］は《第九》が初演された、ウィーンのケルントナートーア劇場の「オーケストラ」。指揮者の位置は、現在と違って舞台のすぐ下。奏者は、客席に背を向けるようにして演奏していました。オーケストラだけの演奏会では、舞台には幕が下ろされていたそうです。

オーケストラがステージの上で演奏するようになるのは、一九世紀半ば。ただ、上は上でも……。［図14］は、ウィーンのコンセール・スピリチュエル（楽友協会と並ぶ、アマチュアの音楽団体）の楽器配置。舞台手前は独唱（中央）と合唱団の場所（両側の五列）で、楽器奏者はその後ろ。相変わらず声楽の方が器楽よりも重要視されていたことがわかります。奥左側にヴァイオリンとヴィオラ、中央のオルガンの前に低弦、右側が管楽器の場所。

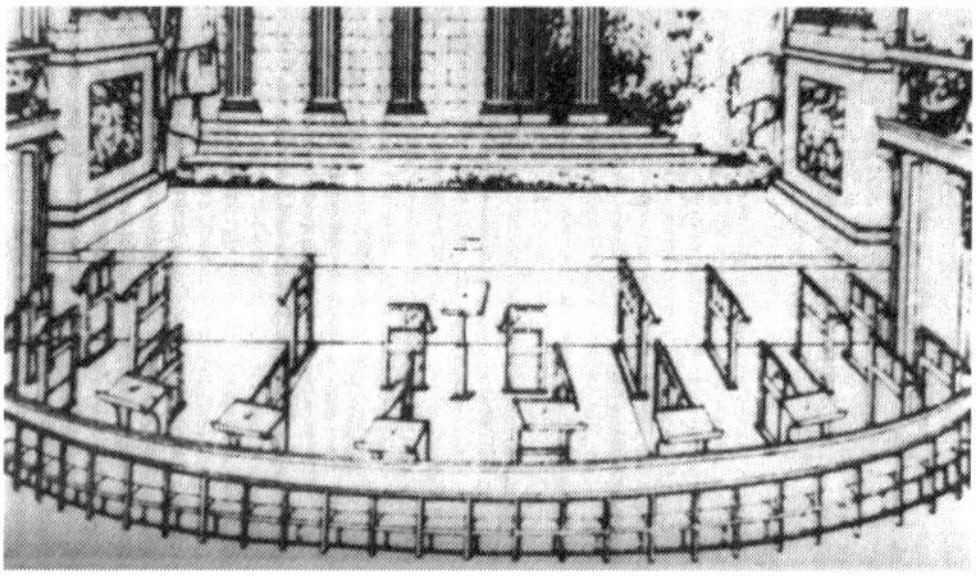

［図13］ケルントナートーア劇場の「オーケストラ」

最前列のソリストさんたちは、後ろの指揮者が全く見えませんね。合唱団もあまり見えなかったはず。曲の途中で振り返って指揮を見たとは考えにくいですし、どうやって合わせたのか不思議ですね。

〜ヴァイオリンの高音域を使わない理由

《第九》の第一ヴァイオリンの最高音は、ト音記号の上に加線四本のラ。第七ポジションまでです。《第九》に限らず、ベートーヴェンはヴァイオリン・パートにシ♭以上を避けています。彼がこのように慎重だった最大の理

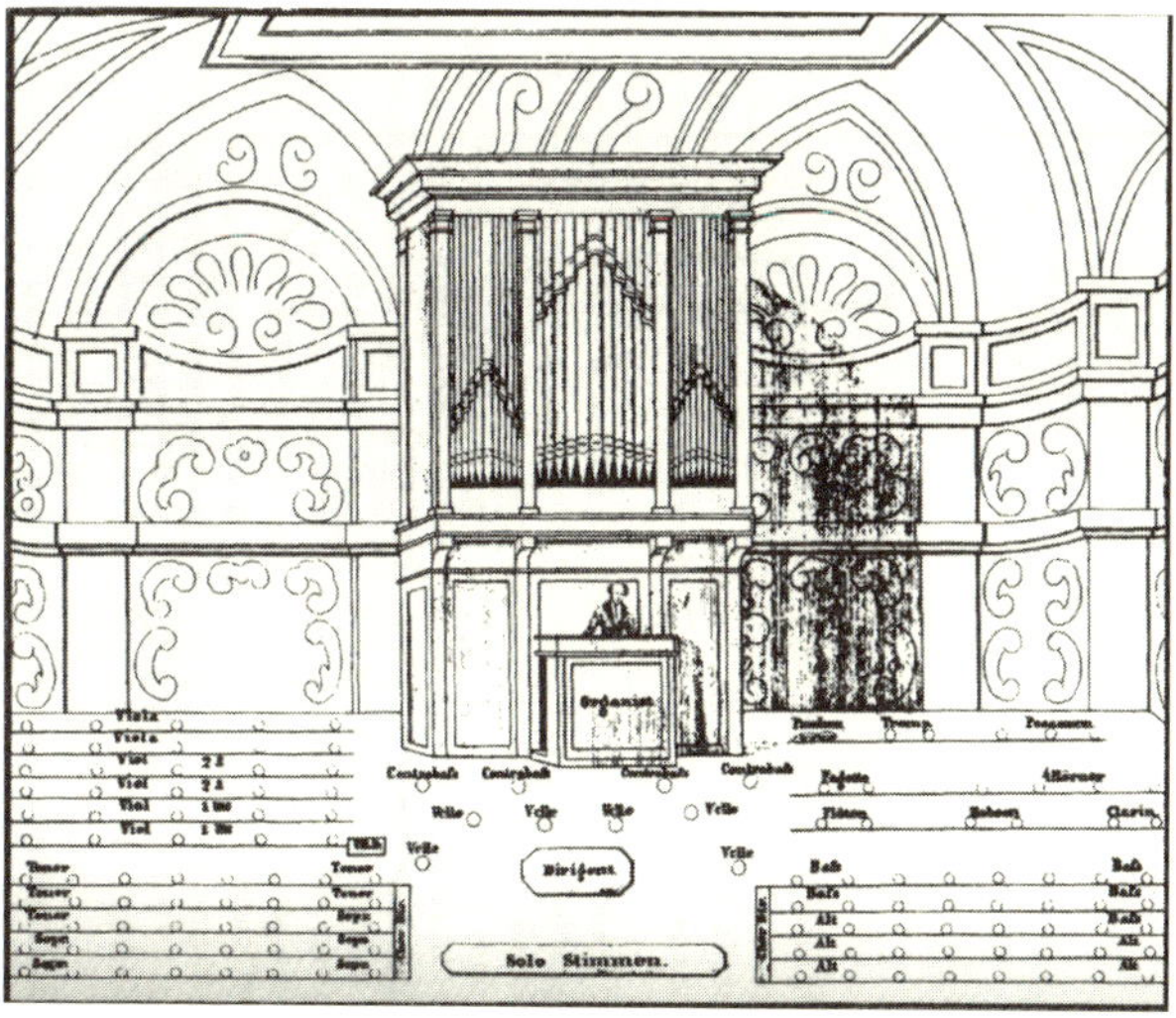

［図14］ウィーンのコンセール・スピリチュエルの楽器配置

由は、おそらく、当時の楽器が現在と異なっていたためでしょう。

一九世紀初期にはまだ、弦楽器用の肩当てはもちろん、あご当てもありませんでした。あご当てを発明したのはシュポーアで、一八二〇年頃ですが、一般に普及するまで時間がかかりました。肩当ては、ピエール・バイヨが一八三四年に「厚いハンカチかクッションの一種」を推薦したのが最初。つまり、《第九》の時代のヴァイオリンやヴィオラは、本体だけ。しっかりと挟み込んで楽器を構えることができず、現在に比べて不安定でした。これでは左手のポジション移動も制限されてしまいますし、高音域の演奏も容易ではありません。

チェロのエンドピンもまだ考案されていませんでした。教則本がエンドピンの使用を初めて提唱したのは一八八〇年頃。それまでは基本的に、ヴィオラ・ダ・ガンバのように両足で挟み込み、主に左のふくらはぎで支えるだけで中空に保って演奏していたのです。長い曲は大変だったのでは。

［図15］最初期のヴァイオリンの構え方。左胸と左手で楽器を支えて弾いていた。ヘリット（ヘラルト）・ドウ『ヴァイオリン奏者』（1665年）

時代はかなり遡《さかのぼ》りますが、最初期のヴァイオリンの構え方をご紹介しましょう。オランダ生まれのヘリット(ヘラルド)・ドウ(一六一三―一六七五)が一六六五年に描いた「ヴァイオリン奏者」[図15]。この構えは舞曲の伴奏などに用いられ、フランスでは一八世紀の初めまで残りました。一方イタリアではレガートや高音域を使うソナタが作られるようになり、楽器を肩の上にのせて、ポジション移動のときには緒止板《おどめいた》の右側をあごでおさえるように。左胸にのせる構え方は、一七世紀半ばには使われなくなりました。

練習は何回?《第九》の初演(二)

一八二四年五月七日の「大音楽会《アカデミー》」、演奏する方はさぞかし大変だったはず。《第九交響曲》は世界初演。《ミサ・ソレムニス》作品一二三は半月前の四月一八日にサンクトペテルブルクで全曲初演されましたが、ウィーンでは初めてです。曲が長くて難しいうえ、《ミサ・ソレ》と《第九》終楽章は合唱と独唱とオーケストラのアンサンブル。しかもその合唱やオーケストラは、ウィーン楽友協会のアマチュアたちも加わった混成部隊でした。

いったいどれくらい練習したと思いますか? 『ウィーン一般音楽新聞』はリハーサルが三回と伝えていますが、全員による総練習(ゲネラルプローベ)は二回だけでした。当時の演奏会の総練習は一回のことも多かったそうですから、これでも念入りな方?! 時間はわかるところだけ書き入れます。

・四月二〇日頃 初演用パート譜、作成終了
・五月二日（九―一四時）最初のオケ総練習、声楽（独唱者を含む）のパート別練習（女声は少年合唱）
・五月三日（午後）合唱練習、アマチュアのオケ・メンバー練習
・五月四日 劇場合唱団の練習
・五月五日（九―一四時）劇場オケと合唱団の第一回ゲネプロ
・五月六日（九時―）第二回ゲネプロ（管楽器第二奏者が初めて加わる）
・五月七日 本番

初演の日程は何度も変更されました。当初の予定では四月八日。しかし、パート譜作成に時間がかかり（長いうえに、大編成ですから）、初演日を四月二七日、二八日に変更。楽譜の校正作業も必要で練習時間がとれず、再び延期せざるを得ませんでした（校正したにもかかわらず、第二楽章の反復記号が抜けていて、第一回ゲネプロの際、混乱が起こっています）。

ベートーヴェンは、皇帝が五月五日にウィーンを離れる前に音楽会を開きたいと強く希

望していました（五月一日付『ウィーン一般音楽新聞』に「五月四日」という誤った予告が掲載されたのは、そのためかもしれません）。でも、この日程を見ると、練習が間に合わなかったのは明らかですね。結局、五月七日金曜日午後七時という最終的な初演日時が告知されたのは、本番二日前だったそうです。ウィーンの演奏会シーズンはすでに終了。皇帝一家の臨席は叶わず、ルドルフ大公をはじめ多くの貴族たちも領地に戻っていました。

肝心の演奏の出来は？　各楽章の途中や終わった後で大喝采があったとか、第二楽章スケルツォではアンコールも求められたとか、アルト歌手のカロリーネ・ウンガーが、歓呼の声に気づかないベートーヴェンの袖を引いて客席の方を向かせたとか、聴衆の熱狂ぶりが伝えられますが、演奏自体は不備であったと報告されています。『ウィーン一般音楽新聞』は、「少なくとも声楽パートに関してはまだ決して十分に仕上がっていなかった」と書いていますが、先を読むと、仕上がっていないのは声楽パートだけではなかったことが伝わってきます。また、一六日後に行われた再演の評は「あちこちに改められるべき余地が多々認められた」。

長く、複雑で、途方もなく難しい《第九》。作曲者の生前にウィーンで演奏されたのはこの二回を含め、三回だけでした。

熱狂の理由《第九》の初演（三）

一八二四年五月七日に行われた、ベートーヴェンの大音楽会《アカデミー》。《第九》初演や《ミサ・ソレムニス》のウィーン初演（三つの楽章のみ）の出来にはかなり問題がありましたし、皇帝や貴族たちは不在。でも、ウィーン音楽界の多くの有力者が出席し、大変な盛況でした。聴衆は熱狂！　ベートーヴェンにとって、生涯最大の芸術的勝利となりました（ただ、総収入二二〇〇グルデンから写譜代七〇〇グルデンなどの経費を除くと、作曲者の利益はわずか三〇〇グルデン。経済的勝利にはなりませんでした）。

演奏に不備があったのに、聴衆は何に熱狂したのでしょうか。もちろん、ベートーヴェンの音楽自体に感動したのでしょうね。歌詞がわかりにくいため、シラーの詩五〇〇部が当日配布されました（印刷することが決まったのは前日）。歌詞に込められた歓喜、自然、兄弟愛、自由、平等などの理念を、聴衆も理解できたはずです。

新しい交響曲への関心も高まっていました。ベートーヴェンはそれまでの八つの交響曲を、あまり間隔をあけずに作曲・初演しています。でも、交響曲第八番の初演（一八一四年二月）から、すでに一〇年が経過。彼の交響曲に対する渇望感があったのでしょう。

さらに、「二月嘆願書」が、新作への期待をさらに煽《あお》ることになります。ベートーヴェンは諸事情により、《第九》をベルリンで初演することを考えました。それを知ったリヒノフスキー伯爵らベートーヴェンの支持者たちが、ウィーンで初演するよう運動を開始。一八二四年二月に三〇人もの連名で、ベートーヴェンに嘆願書を出しました。この「二月嘆願書」が四月に『ウィーン一般音楽新聞』や『劇場新聞』で公開され、人々の興味をかき立てたのです。

でも、人々が熱狂した最大の理由はおそらく、そこにベートーヴェンがいたから。初演の前日に街に掲示されたポスターの下方には、「ルートヴィヒ・ヴァン・ベートーヴェン氏自身が総指揮に参加」と大きな活字で強調されています［図

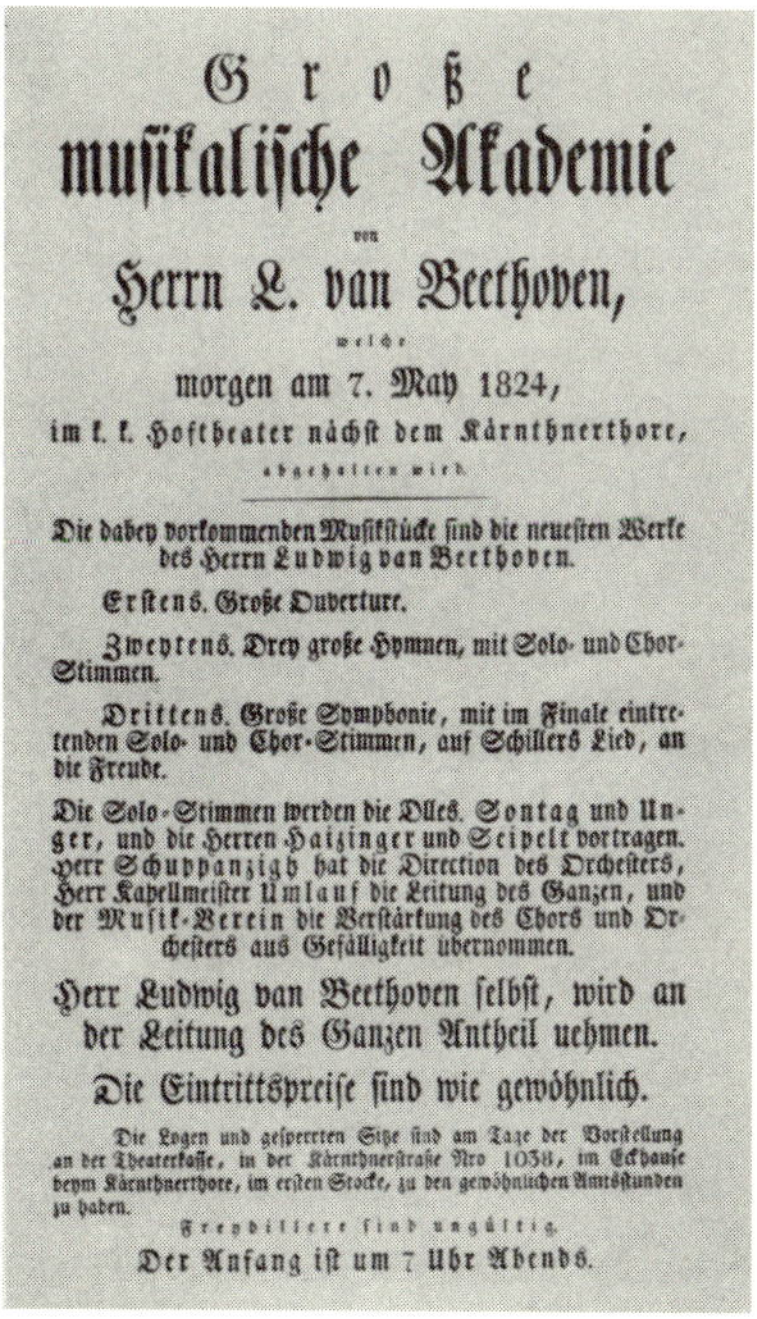

［図16］《第九》初演を告知するポスター

でしょう。

16」。ウィーン市民にとって、彼らのヒーローが姿を見せることに大きな意味があったの

このため当日は、「シュパンツィク氏はヴァイオリン・パートで統率（＝コンサートマスター）、楽長のウムラウフ氏が指揮棒を執り、作曲者自ら全体の指揮に加わった。すなわち彼は（中略）自分の原スコアにあたりながら、おのおののテンポの入りを指示したのである」（『ウィーン一般音楽新聞』七月一日号）という、三重の指揮体制になりました。演奏の不備にふれつつ、『ウィーン一般音楽新聞』は続けます。「だが、感銘はそれでも筆舌に尽くしがたいほど大きくて素晴らしく、崇高な楽匠に力の限り示された歓呼の声は熱狂的であった。彼の尽きることのない天賦の才は私たちに新しい世界を開き、いまだ聴いたことも予感したこともない聖なる芸術の奇跡の神秘を露《あらわ》にした」。ベートーヴェンを大絶賛していますね。

でも実は、総指揮者ウムラウフが演奏者たちに、ベートーヴェンのテンポ指示を無視するよう言い渡していました。作曲家はそこに「いただけ」だったのです。

話すように歌うレチタティーヴォ

《第九》第四楽章冒頭。管打楽器の「恐怖のファンファーレ」でドラマティックに始まり、チェロとコントラバスが伴奏なしで朗々と奏でる旋律が続きます。ベートーヴェンはここにフランス語で、「レチタティーヴォ風に、ただしイン・テンポで」という指示を書き込みました。二度目の「恐怖のファンファーレ」や第一－三楽章の回想を挟みながら繰り返される、「レチタティーヴォ風」の低弦旋律。このレチタティーヴォって何か、ご存知ですか?

「叙唱」と訳されるレチタティーヴォは、声楽書法の一種。オペラ、オラトリオ、カンタータなどで使われます。たとえばオペラにおいて、登場人物の「大好き!」とか「困ったー」などの感情が歌われるのは、アリア。歌詞は韻文。歌い手の技巧や音楽性の見せ場です。でも、すべてをアリアで歌うと単調だし、第一、話がなかなか進みません。だから、状況説明などには、さくさく進むアリアと異なる歌い方を使うのです。それがレチタティーヴォ。特徴は、次のとおり。

・語りをまねした歌い方。歌と語りの中間
・歌詞は散文
・アリアとアリア（または合唱曲、器楽曲）の間におかれる
・筋の説明や、対話に使われる

英語の recite（朗唱する）のイタリア語 recitare に由来するように、朗唱風で言葉の抑揚を活かす歌い方です。話すときのように狭い音域内に短い音符を連ねたり、同音反復も多く使われます。管弦楽や弦楽の伴奏がつくこともありますが、通奏低音だけの伴奏でも多く作られました。歌い手の自由度が増えますし、歌詞が聴き取りやすくなります。

「恐怖のファンファーレ」が三度目にトゥッティで奏された後、バリトン独唱者が歌い始めます。「おお、友よ、これらの調べではなく！」の最初（二一六小節）に Recitativo の指示。冒頭の低弦旋律はここの先取りで、歌詞と関連させてしばしば「否定のレチタティーヴォ」と呼ばれます。

〜《第九》とトルコ行進曲

《第九》終楽章には、トルコ風の音楽が含まれています。独唱や合唱が「歓喜に寄す」を第三節まで歌った後、急に静かになるところ。ファゴットとコントラファゴット、大太鼓が、低い音域でぼわっ、ぼわっと出て、シンバルとトライアングルも加わる八分の六拍子「行進曲風に」のところ。これが、トルコの軍楽（のパロディー）です。

ヨーロッパにとってオスマン帝国は大きな脅威でした。ウィーンも一五二九年と一六八三年の二度、包囲されています。そのオスマン帝国の精鋭軍団イェニチェリ（トルコ語で「新しい軍隊」）が伴って

［図17］オスマン帝国の軍楽隊メヘテルハーネ。エキゾティックな音色がヨーロッパの人々にインパクトを与えた。アブドゥルセリ・レヴニ『メヘテルハーネの細密画』（1720年）

いたのが、メヘテルハーネと呼ばれる軍楽隊。士気を鼓舞したり、儀式でスルタンの威光を表したりするのに使われました。［図17］は、一七二〇年にオスマン帝国の宮廷画家によって描かれた細密画です（『アフメト三世の祝祭の本』より）。左側のパネルは、右から大太鼓ダウル（八人）、ズィル（シンバル、六人）、ボル（トランペット、六人）、奥に二つ一組の鍋形太鼓キョス（三人）です。大編成ですね！　右のパネルを見ると、黒い管楽器ズルナ（チャルメラのようなダブル・リード属）や、二つ一組の小型太鼓ナッカレも使われているのがわかります。

メヘテルハーネは、大音量のエキゾティックな音色と目をひく鮮やかなコスチュームで、ヨーロッパの人々に大きなインパクトを与えました。一八世紀半ば、各国の軍楽隊はトルコの楽器を加え始めます。まず大太鼓。その後、シンバルとトライアングル。一八世紀末にはターキッシュ・クレセント（一番上に三日月型の飾りがついている、錫杖《しゃくじょう》のような打楽器）。ピッコロも付きものでした。

この響きと、一拍目の強いアクセントを利用した音楽が流行します。モーツァルトの《後宮からの逃走》序曲やハイドンの交響曲第一〇〇番《軍隊》は、《第九》よりも早い時期に、オーケストラに大太鼓やシンバル、トライアングルを入れた例です。

このような打楽器を使わずに、トルコの雰囲気を表した曲も。モーツァルトのヴァイオリン協奏曲第五番の終楽章では、弦楽器の弓の木の部分で演奏するコル・レーニョ奏法で打楽器を模しています。同じくモーツァルトのトルコ行進曲（実はピアノ・ソナタの終楽章）をトルコ風（Alla Turca）にしているのは、左手。アルペジオの装飾音で一拍目を強調しています。

ただ《第九》の八分の六拍子の部分は、シンバル、トライアングル、大太鼓を単なる東洋趣味として取り入れたのではないでしょう。「走れ、はらからよ、君たちの道を、喜び勇んで、勇士が勝利へと向かうように」という歌詞の、戦いや勝利のイメージとリンクさせているように思われます。

イェニチェリは一八二六年に廃止されました。その後、ヨーロッパの軍楽が逆輸入。メヘテルハーネの音楽は残念ながら、博物館的存在になってしまったそうです。

おわりに

なぜ「管弦打楽」と呼ばないのか?

オケ奏者やオケ・ファンのための話を書き連ねてみたら、西洋のことばかり。日本の話はないの? と言われそう。日本は西洋音楽をありがたく受け入れ、まねするだけだったのでしょうか。いえいえ、そんなことはありません。最後にちょっと目先を変えて、クラシックと日本音楽との関わりについて書いてみます。

「オーケストラを管弦楽ではなく、管弦打楽と正確に訳そう!」というのは、日本中の打楽器奏者さんたちの、心の叫び(!?)ではないでしょうか。管&弦楽器だけではなく打楽器も必要なのに、「オーケストラ」を、管弦楽と訳すのは不公平! しかしこの訳語には、一千年以上の歴史をもつ日本の伝統音楽雅楽《ががく》が影響しているのです。

雅楽は、五世紀から九世紀にかけて大陸(特に中国の唐)から伝来した楽舞が、日本古来の歌舞と並存して定着したものです。華やかな貴族社会の儀式と結びついて洗練され、今日まで受け継がれてきました。舞の伴奏のための音楽「舞楽《ぶがく》」に対して、日本で再編成された器楽合奏の形式を「管絃《かんげん》」と呼びます。この糸へんの「絃」が当用漢字に含まれないため、戦後、同音の漢字「管弦」で書きかえられるようになりました。

「管絃」は、貴族たちが互いに技量を披露し合いながら、合奏を楽しむために作られたジャンルと考えられます。平安時代の中頃には、天皇家や貴族層のたしなみとして「詩歌管絃」が広く浸透しました。『源氏物語』にも登場する、桜や月の鑑賞、元服や着袴《ちゃっこ》などの儀式の際に天皇や公卿らが催した管絃の集まりを、「御遊《ぎょゆう》」と呼びます。「花」といえば桜を指したように、「遊び」といえば雅楽のアンサンブルだったのですね。

もともと二〇種以上の楽器が伝来したそうですが、管絃に必要な楽器は次の八種。（　）内の数字は、［図18］の数字と対応しています。

1　吹きもの（管楽器）：龍笛《りゅうてき》（1）、篳篥《ひちりき》（2）、笙《しょう》（3）
2　弾きもの（絃楽器）：楽箏《がくそう》（4）、楽琵琶《がくびわ》（5）
3　打ちもの（打楽器）：鉦鼓《しょうこ》（6）、楽太鼓（7）、鞨鼓《かっこ》（羯鼓とも8）

この中で平安時代の貴族たちが好んで演奏したのは笙、篳篥、龍笛、琵琶、箏などに限られていました。［図19］では貴族たちがこれら五種類の楽器を演奏しています（左から、篳篥、楽琵琶、楽箏、龍笛、笙）。一方、アンサンブルに必須の打ちものは、雅楽の職業演奏家である楽人たちが務めました。［図19］の打楽器奏者はいずれも部屋の外で演奏していて、身分が違うことがわかりますね。この差が明らかに「管絃」という用語に影響していると思われます。

さて、時代は移り明治維新。世襲で雅楽の秘曲を伝承してきた楽人たちは、雅楽の保存とともに西洋音楽の伝習に取り組むことになりました。初めに吹奏楽を学びますが、室内での陪食《ばいしょく》や宴会に適した音楽の必要性を訴え、明治一二年末に「西洋管絃楽協会」が発足。楽人たちの自主活動として伝習が始まりました。奏する楽器は異なっても、同じ器楽アンサンブル。雅楽と同じ管絃楽の名で呼ぶのは、ごく自然な成り行きだったのでしょう……。打楽器奏者の皆さま、以上のような長～い歴史的背景を考慮し、オーケストラ→管弦楽という訳を大目にみてくださるよう、お願いいたします。

ところで、私たちは西洋のオーケストラについては詳しいのに、自国の器楽アンサンブルについてはあまり（ほとんど？）知りませんよね。というわけで、「管絃」についてもう少し説明したいと思います。

すでに述べたように、雅楽の中の（舞を伴わない）管絃の楽器編成は、三管二絃三鼓。

［図18］雅楽の管絃。管絃は1000年以上の伝統を持つ日本の器楽アンサンブル。①龍笛《りゅうてき》、②篳篥《ひちりき》、③笙《しょう》、④楽箏《がくそう》、⑤楽琵琶《がくびわ》、⑥鉦鼓《しょうこ》、⑦楽太鼓、⑧羯鼓《かっこ》（写真提供：宮内庁式部職楽部）

［図19］管絃の遊び。奥左から篳篥《ひちりき》、楽琵琶《がくびわ》、楽箏《がくそう》、龍笛《りゅうてき》、笙《しょう》、手前左から楽太鼓、鉦鼓《しょうこ》、羯鼓《かっこ》。住吉物語絵巻断簡（部分、13世紀）。東京国立博物館所蔵　Source: ColBase (https://colbase.nichi.go.jp/)

管楽器は、龍笛・篳篥・笙の三つのパートを同人数で演奏します。現在は、三人ずつの「三管どおり」(三管編成)が基本。楽琵琶と楽箏の絃楽器は、管より少ない二人ずつになることが多いのですが、打楽器(鞨鼓、楽太鼓、鉦鼓)は編成の大小に関わらず、必ず各パート一人ずつです。

雅楽の曲はゆっくり始まり、次第にゆるやかにテンポが上がります。指揮者の代わりにテンポ・メーカーとしてアンサンブルを統率するのは、(オーケストラならコンサートマスターですが)管絃では鞨鼓奏者[図18手前右⑧]。スネア・ドラムのスティックのように、だんだん細くなり、細くなった先が少し膨らんでいる桴《ばち》で一定のリズム・パターンを繰返し打ちながら、少しずつテンポを上げていきます。他の奏者は、阿吽《あうん》の呼吸でこれに合わせます。

西洋音楽と違って、雅楽の場合、打ちもの専門の奏者はおらず、鞨鼓は楽人たちの中の一の者、太鼓は二の者、鉦鼓は三の者が担当したそうです。つまり打楽器は、管楽器などの経験も豊富で上手な者しか打てませんでした。管絃の楽器配置も、打ちものが一番手前ですね。現在、雅楽を伝承する宮内庁式部職楽部において、演奏会で鞨鼓を担当するのは主席楽長。楽部に限らず現代の雅楽コンサートでは、鞨鼓奏者が、オーケストラの指揮者のように代表しておじぎします。

〔図18〕で、打ちものの楽人たちが部屋の外で演奏しているのは、彼らが庶民だからであって、打楽器奏者だからではありません。楽琵琶と楽箏の弾きもの（と歌もの）は、殿上人＝貴族以外は演奏できませんでしたが、貴族の管楽器奏者が揃わなければ、あるいは補強が必要であれば、楽人が部屋の外で管楽器を演奏したはずです。打楽器の皆さま、「打楽器だけが部屋の外とは悲しい〜！」なんて、思わないでくださいね。

　西洋のオーケストラの歴史は、モンテヴェルディのオペラ《オルフェオ》以来としても、わずか（!?）四〇〇年。一方、日本の雅楽の管絃は九世紀頃に生まれた合奏形式で、一〇〇〇年以上の伝統をもちます。様々な楽舞を伝承するために大宝律令によって雅楽寮（うたまいのつかさ）が設立されたのは、さらに遡《さかのぼ》った七〇一年のこと。西洋では、グレゴリオ聖歌が成立し始めていた頃。器楽が存在しなかったわけではありませんが、雅楽の管絃のような、複雑で洗練されたアンサンブルは成立していません。しかもこの雅楽は皇室の保護の下、現在まで伝承されています。長い伝統をもつ管絃は、日本が世界に誇るべきオーケストラ。機会があれば、雅楽を是非ライブで聴いていただきたいと思います。

あとがき

大学で西洋音楽史を教える傍《かたわ》ら、アマチュア・オーケストラでヴィオラを弾いているなんて、私くらいだと思います。私の専門は音楽学。音楽美学や民族音楽学、西洋音楽史、日本音楽史など、音楽を学問的に研究する分野で、演奏能力はそれほど必要ありません。それどころか、研究者は研究に専念すべきという雰囲気が（以前ほどではないものの）感じられます。でも、音大の学生さんに「自分が演奏する曲は自分で調べなさい。そのために役立つのが西洋音楽史」と教えているのですから、私自身も研究だけではなく、何かしら演奏に関わっていたいと考えます。実際、三歳からのピアノ、高校の吹奏楽部で吹いたクラリネット、大学オケで弾いたヴァイオリン、副科として履修したチェンバロ、箏曲、ヴィオラ、そしてアメリカ留学中にレッスンを受けていたパイプオルガンなどの様々な音楽経験は、仕事にも役立っています。

帰国後しばらくは演奏の機会がありませんでしたが、子供が進学することになった聖光学院（横浜）の入学前ガイダンスで、配布資料の中に「聖光学院管弦楽団メンバー募集」のチラシを発見。聖光学院の卒業生や教員、保護者によるオーケストラ？　卒業生はともかく、保護者も参加できるオーケストラなんて、聞いたことがありません。ヴィオラにさわるのは何十年ぶり。どれだけできるかわからないけれど、講義で教える曲を実際に弾いてみることができる千載一遇のチャンス！　とばかり、思いきって入団希望を出したのです。

横浜市中区にある聖光学院中学校・高等学校は、カトリックの教えに基づく私立の学校。創立五〇周年記念として生徒・保護者・教員・卒業生らがベートーヴェンの《第九》交響曲を演奏し、その感動を忘れられないメンバーの要望から聖光学院管弦楽団（略称：聖フィル）が発足。団員には、大学オケだけではなく卒業後も一般オケで演奏を続けている方も多く、みなさんお上手です。仲間といっしょに一つの音楽を作り上げるのは、なんと楽しいことか！　自分で演奏した曲を大学で講義するときには、思わず力が入ります。

ただ、曲の構造や時代背景を理解して演奏すれば、もっと曲のイメージが広がるのになあと、音楽学者魂（⁉）が頭をもたげます。聖光学院管弦楽団のホームページの管理担当者だった中野昌宏さんが、音楽関係のコラムを書かないかと声をかけてくださったのを幸いに、パレストリーナのペンネームで最初のコラム「《運命》と呼ぶのは日本だけ⁉」をアップしたのが、二〇一〇年一一月。なるべく多様なトピックを選ぶこと、自分なりの切り口で書くこと、そして、信頼できる資料に基づいて書くことを自分に課し、週一回更新しながら三年間続けることを目標としました。トピックを決め資料を読み、下書き推敲していると、一週間はあっという間。編集者用ページでアクセス数や購読数をチェックし、一喜一憂する毎日……。

本書は、三年余の間にアップした一八〇本近くのコラムの中から、西洋音楽史に関するものを中心に再構成したものです。重複する部分や、前後が逆の部分もありますが、あえてコラムの感じを残しました。内容が古典派までに大きく偏っているのは、聖フィルのレパートリーが古典派を中心としてきたから。それに、オーケストラといえば交響曲、クラシック音楽では交響曲が一番重要という一般「常識」が成立するまでを書きたかったからです（一六世紀イタリア音楽を専門にしているせいか、ドイツ音楽偏重の風潮は気になります）。ブラームスやチャイコフスキーの名前がどこにも出てこない一方で、日本音楽について触れているなど、かなりへそ曲がりな本になりましたが、オーケストラ奏者やオーケストラ・ファンの方が、へ〜〜！と感じてくだされればうれしく思います。間違いやお気づきの点などありましたら、教えていただければ幸いです。

現在、聖光学院中学校・高等学校では校舎の新築中。音楽ホールとして使えるように音響設計された、客席数一五〇〇余の新講堂ラムネホールがすでに完成し、聖フィルはここを練習場に、恵まれた環境で活動しています。柿落《こけら》としの《第九》演奏会では、いつか子供と一緒のオーケストラで弾けたらという夢も実現。この本の出版も含め、すばらしい音楽環境とチャンスを与えてくれた聖光学院（工藤誠一校長）には、足を向けて寝られません。

出版にあたり、アルテスパブリッシングの松岡靖子さんには、何から何までお世話になりました。編集作業のみならず、初めての出版で途方にくれる私を的確に導き続けてくださったことに対し、深く感謝申し上げます。執筆に役立つような質問や情報をくださった植田圭司、浦本裕子、大田美郁、太田千穂、齋藤大介、櫻井茂、清水仁美、神保博康、中村仁美、深沢美奈（五十音順、敬称略）の方々をはじめ、聖フィルの仲間はもちろん今までコラムを読んでくださったすべての方に、心からお礼申し上げます。最後に、家事の手抜きに目をつぶり、コラムを読んではさりげなく励ましてくれた夫、聖光学院に進んでオーケストラ活動のチャンスをくれた子供、音楽学の勉強を続けさせてくれた母と亡き父、そして弟にも感謝し、この本を捧げたいと思います。

東日本大震災から三年の二〇一四年三月に、被災地の一日も早い復興を祈りつつ

長岡　英

二〇一四年に『オケ奏者なら知っておきたいクラシックの常識』を出版してから、はや一〇年。聖フィルのホームページにアップしたコラムから誕生した本書が、この度『オーケストラがもっと楽しくなる！　クラシック音楽の基礎教養』というタイトルで生まれ変わったことを、とてもうれしく思います。修正は最低限に留めましたが、以前の口絵を本文中に入れて、読みやすく再構成しました。

相変わらず私は、大学で西洋音楽史を教えながら聖フィル（聖光学院管弦楽団）でヴィオラを弾いています。定期演奏会はすでに三〇回を超え（第一回から皆勤！）、一時期中断していた音楽コラムの執筆も、「聖フィル♥コラム・リニューアル」として再開。のんびり続けています。

オーケストラは聴いたり演奏したりするだけでも楽しいですが、私たちが良く知っている「交響曲」や「演奏会」が成立したのは、（この本で述べたように）つい最近のことです。新しいタイトルと装丁により、この本がさらに多くの皆さまの目に留まりますように。

二〇二五年二月

長岡　英

聖光学院管弦楽団ホームページ　http://seiko-phil.org/
聖フィル♥コラム・リニューアル　https://palestrinamusic.blogspot.com/

長岡 英（ながおか・めぐみ）

千葉大学教育学部中学校教員養成課程、および東京藝術大学音楽学部楽理科卒、同大学院修士課程修了。ブランダイス大学大学院博士課程進学、二〇〇四年哲学博士号（音楽学）取得。二〇〇五年「ジョヴァンニ・アニムッチャのミサ曲」研究により第一八回辻荘一・三浦アンナ記念学術奨励金受賞。現在、電気通信大学、武蔵野音楽大学、立教大学、日本大学芸術学部非常勤講師。

専門はルネサンス時代のミサ曲。共著に *Guglielmo Gonzaga: Madrigali a cinque voci (Venice, 1583)* (Garland)、共訳書に『上手に歌うためのQ&A』（音楽之友社）がある。

聖光学院中学校・高等学校（横浜）関係者によるアマチュア・オーケストラ聖光学院管弦楽団でヴィオラを担当。二〇一〇年一一月より二〇一六年一二月までパレストリーナのペンネームで同オーケストラのホームページに「聖フィル♥コラム」を連載。

二〇二二年三月より「聖フィル♥コラム・リニューアル」を連載。

https://palestrinamusic.blogspot.com

ARTES

artespublishing.com

オーケストラがもっと楽《たの》しくなる！
クラシック音楽《おんがく》の基礎《きそ》教養《きょうよう》

二〇二五年三月二五日　初版第一刷発行

著者……長岡 英

発行者……鈴木 茂・木村 元

発行所……株式会社アルテスパブリッシング

〒一五五-〇〇三二

東京都世田谷区代沢五-一六-二三-三〇三

TEL 〇三-六八〇五-二八八六

FAX 〇三-三四一一-七九二七

info@artespublishing.com

印刷・製本……シナノ書籍印刷株式会社

ブックデザイン……福田和雄（FUKUDA DESIGN）

譜例浄書……髙橋 啓

ISBN978-4-86559-307-5 C1073 Printed in Japan

索　引

【ア】………

アーベル、カール・フリードリヒ　Abel, Karl Friedrich　50-51
アブネック、フランソワ＝アントワーヌ　Habeneck, François-Antoine　65
ヴァーグナー、リヒャルト　Wagner, Richard　64
ヴァーゲンザイル、ゲオルク・クリストフ　Wagenseil, Georg Christoph　39
ヴィヴァルディ、アントーニオ　Vivaldi, Antonio　2, 10, 86, 105, 107
ヴィオッティ、ジョヴァンニ・バッティスタ　Viotti, Giovanni Battista　29
ヴェーバー、カール・マリア・フォン　Weber, Carl Maria von　171, 173
エステルハージ　Esterházy　28, 147, 150, 152-154, 158, 161
エステルハージ、アントン　Esterházy, Anton　151-152
エステルハージ、ニコラウス　Esterházy, Nikolaus　149, 152
オットテール、ジャック・マルタン　Hotteterre, Jacques-Martin　134

【カ】………

カサドシュ、アンリ　Kasadesus, Henri　137
カッチーニ、ジューリオ　Caccini, Giulio　112-113
ガブリエーリ、ジョヴァンニ　Gabrieli, Giovanni　86, 119
カンビーニ、ジュゼッペ　Cambini, Giuseppe　21
グイード・ダレッツォ　Guido d'Arezzo　96, 98
クヴァンツ、ヨハン・ヨアヒム　Quantz, Johann Joachim　130
クープラン、フランソワ　Couperin, François　111
グレゴリウス１世　Gregorius I　92
クルムフォルツ、アンヌ＝マリー　Krumpholz, Anne-Marie　171, 173
ケッヘル、ルートヴィヒ・フォン　Köchel, Ludwig von　36, 51
ケルビーニ、ルイージ　Cherubini, Luigi　68
コレッリ、アルカンジェロ　Corelli, Arcangelo　114-115, 121, 126, 129

【サ】………

ザロモン、ヨハン・ペーター　Salomon, Johann Peter　28-31, 169-170, 172-173, 199
サン＝サーンス、カミーユ　Saint-Saëns, Camille　68, 177
サンマルティーニ、ジョヴァンニ・バッティスタ　Sammartini, Giovanni Battista　11
ジェミニアーニ、フランチェスコ　Geminiani, Francesco　133-134
シベリウス、ジャン　Sibelius, Jean　68
シャイベ、ヨハン・アドルフ　Scheibe, Johann Adolf　113
シューベルト、フランツ　Schubert, Franz　61-62, 85, 102
シューマン、ローベルト　Schumann, Robert　62
シュタードラー、アントン　Stadler, Anton　49
シュターミッツ、カール　Stamitz, Carl　21
シュターミッツ、ヨハン　Stamitz, Johann　11, 25, 50
シュトラウス、ヨハン（子）Strauss, Johann II　166-167
シュトラウス、リヒャルト　Straus, Richard　68-70
シュポーア、ルートヴィヒ　Spohr, Ludwig　206
ショスタコーヴィチ、ドミトリー　Shostakovich, Dmitry　70, 174
スカルラッティ、アレッサンドロ　Scarlatti, Alessandro　18
スメタナ、ベドルジハ　Smetana, Bedřich　68

【タ】………

團伊玖磨　Dan, Ikuma　102
テレマン、ゲオルク・フィリップ　Telemann, Georg Philipp　137
ドヴォルザーク、アントニーン　Dvořák, Antonin　68, 72-74, 86

トレッリ、ジュゼッペ Torelli, Giuseppe 23

【ハ】………

パイジェッロ、ジョヴァンニ Paisiello, Giovanni 15, 52
ハイドン、ヨーゼフ Haydn, Joseph 11-12, 28-31, 36, 38-40, 46, 59-60, 85, 138, 144-155, 157-158, 161, 169, 171, 173-174, 178, 198, 216
ハイドン、ミヒャエル Haydn, Michael 36
バイヨ、ピエール Baillot, Pierre 206
パチーニ、ジョヴァンニ Pacini, Giovanni 171, 173-174
ハチャトゥリアン、アラム・イリイッチ Khachaturian, Aram Il'ich 174
バッハ、カール・フィリップ・エマヌエル Bach, Carl Philipp Emanuel 11, 131
バッハ、ヨハン・クリスティアン Bach, Johann Christian 11, 21, 41, 52
バッハ、ヨハン・ゼバスティアン Bach, Johann Sebastian 2, 10-11, 18, 86, 106, 112-113, 122, 126-127
パレストリーナ、ジョヴァンニ・ピエルルイージ・ダ Palestrina, Giovanni Pierluigi da 57, 86
フランク、セザール・オーギュスト Franck, Cesar Auguste 68, 73-74
プレイエル、イグナーツ・ヨーゼフ Pleyel, Ignaz Joseph 29
ベートーヴェン、ルートヴィヒ・ヴァン Beethoven, Ludwig van 2, 11-12, 36, 53-56, 60-67, 72, 74-75, 79, 84-85, 131, 156, 171, 173, 175-176, 178-179, 188-203, 205, 208-213
ペーリ、ヤーコポ Peri, Jacopo 112-113
ベネディクト・ユリウス Benedict, Julius 172-174
ベルリオーズ、エクトル Berlioz, Hector 2, 62-65, 71-72, 74
ヘンデル、ゲオルク・フリードリヒ Händel, Georg Friedrich 1, 18, 58, 68, 86, 112-113, 137, 171, 173
ボエティウス、アニキウス・マンリウス・セヴェリヌス Boethius, Anicius Manlius Severinus 90-91
ホーボーケン、アントニー・ヴァン Hoboken, Anthony van 38-39
ボロディン、アレクサンドル・ポルフィリエヴィチ Borodin, Alexander Porifir'yevich 68

【マ】………

マーラー、グスタフ Mahler, Gustav 75-79, 179
ムソルグスキー、モデスト・ペトロヴィチ Musorgsky, Modest Petrovich 86
メルカダンテ、ジュゼッペ・サヴェリオ Mercadante, Giuseppe Saverio 171, 173
メンデルスゾーン、フェーリクス Mendelssohn, Felix 62, 67-69, 164-165, 169, 172-173, 177
モーツァルト、ヴォルフガング・アマデウス Mozart, Wolfgang Amadeus 2, 11-12, 14-17, 22, 27, 36-38, 40-53, 59-60, 68-69, 85, 134, 138, 155, 158, 162-164, 168-169, 174, 177-179, 181, 202, 216-217
モーツァルト、ヨハン・ゲオルク・レオポルト Mozart, Johann Georg Leopold 15, 37, 41, 45-46, 131-134, 149
モンテヴェルディ、クラウディオ Monteverdi, Claudio 59, 117-118, 223

【ヤ・ラ】………

ヨンメッリ、ニコロ Jommelli, Niccolo 26
ラヴェル、モーリス Ravel, Maurice 2
ラモー、ジャン＝フィリップ Rameau, Jean-Philippe 111
リスト、フランツ Liszt, Franz 64, 69
リュリ、ジャン＝バティスト Lully, Jean-Baptiste 17
ルソー、ジャン＝ジャック Rousseau, Jean-Jacques 88, 110
レスピーギ、オットリーノ Respighi, Ottorino 182
ロセッティ、アントーニオ Rosetti, Antonio 170-172
ロッシーニ、ジョアッキーノ Rossini, Gioacchino 172-173

主要参考文献

The New Grove Dictionary of Music and Musicians, 2nd ed., ed. by Stanley Sadie and John Tyrrell, 29 vols, Macmillan, 2001.

一次資料

Mozart, Leopold, *Versuch einer Gründlichen Violinschule*, facsimile edition, Stephenson, 1922（塚原哲夫訳『バイオリン奏法』全音楽譜出版社、1974）.

Geminiani, Francesco, *The art of playing on the violin: 1751*, facsimile edition, Oxford University Press, 1952（内田智雄訳『バロックのヴァイオリン奏法原典版』サイモン・モリス解説、シンフォニア、1993）.

Quantz, Johann Joachim, *Versuch einer Anweisung, die Flöte traversière zu spielen*, reprint edition, VEB Deutscher Verlag für Musik, 1989（石原利矩他訳『フルート奏法試論：バロック音楽演奏の原理』全2巻、シンフォニア、1976）.

Bach, Carl Philipp Emanuel, *Versuch über die wahre Art das Clavier zu spielen*, erster und zweiter Teil, facsimile edition, Breitkopf & Härtel, 1969-1976（東川清一訳『正しいクラヴィーア奏法』全音楽譜出版社、2000、2003）.

二次資料

Apel, Willi, *Gregorian Chant*, Indian University Press, 1958.

Grange, Henri-Louis de La, *Mahler: volume 1*, Garden City, 1973.

Koury, Daniel J., *Orchestral Performance Practices in the Nineteenth Century*, University of Rochester Press, 1988.

Landon, H. C. Robbins, *Haydn: Chronicle and Works, Haydn at Eszterháza 1766-1790*, Thames and Hudson, 1978.

Larue, Jan, *A Catalogue of 18th-Century Symphonies: vol.1: Thematic Identifier*, Indian University Press, 1988.

Marshall, Robert, *Mozart Speaks: Views on Music, Musicians and the World*, Schimer, 1991（高橋英郎他訳『モーツァルトは語る』、春秋社、1994）.

Moens-Haenen, Greta, *Das Vibrato in der Musik des Barock*, Akademische Druck- und Verlagsanstalt, 1988.

Neumann, Frederick, 'The Vibrato Controversy,' *Performance Practice Review, vol.4*, 1991.

The Cambridge Companion to the String Quartet, ed. by Robin Stowell, Cambridge University Press, 2003.

The Cambridge Companion to the Symphony, ed. by Julian Horton, Cambridge University Press, 2013.

Weber, William, *The Great Transformation of Musical Taste*, Cambridge University Press, 2008.

Zaslaw, Neal, *Mozart's Symphonies*, Oxford University Press, 1989
（礒山雅監修、永田美穂訳『モーツァルトのシンフォニー：コンテクスト、演奏実践、受容』全２巻、東京書籍、2003）.

石井宏『反音楽史』新潮文庫、2010。

石多正男『交響曲の生涯』東京書籍、2006。

礒山雅他監修『バッハ事典：全作品解説事典』東京書籍、1996。

海老澤敏他監修『モーツァルト事典：全作品解説事典』東京書籍、1991。

海老澤敏他監修『モーツァルト全集』全16巻、小学館、1990～93。

大宮真琴『新版 ハイドン』音楽之友社、1981。

『音楽大事典』全６巻、平凡社、1981～83。

金澤正剛『中世音楽の精神史』講談社選書メチエ、1998。
U. ミヒェルス編、角倉一朗日本語版監修『図解音楽事典』白水社、1989。
久保田慶一編『音楽通論』アルテスパブリッシング、2009。

久保田慶一編『バッハ キーワード事典』春秋社、2012。

小林義武『バッハ 伝承の謎を追う』春秋社、1995。

小宮正安『オーケストラの文明史：ヨーロッパ三千年の夢』春秋社、2011。
H. サックス『《第九》誕生：1824年のヨーロッパ』後藤菜穂子訳、春秋社、2013。
田村和紀夫『クラシック音楽の世界』新星出版社、2011。

土田英三郎「ベートーヴェン《第九交響曲》作品史のための資料」国立音楽大学『音楽研究所年報』第17集、2003。同研究所ホームページの研究報告より。

塚本康子『十九世紀の日本における西洋音楽の受容』多賀出版、1993。

寺内直子『雅楽を聴く：響きの庭への誘い』岩波新書、2011。

西原稔『新編 音楽家の社会史』（オルフェ・ライブラリー）音楽之友社、2009。

根岸一美他監修『ブルックナー／マーラー事典』東京書籍、1993。

橋本英二『バロックから初期古典派までの音楽の奏法』音楽之友社、2005。

服部幸三『バロック音楽のたのしみ』共同通信社、1979。

服部幸三『西洋音楽史：バロック』音楽之友社、2001。

平野昭他監修『ベートーヴェン事典：全作品解説事典』東京書籍、1999。
C. フローロス『マーラー：交響曲のすべて』前島良雄他訳、藤原書店、2005。
『別冊太陽：雅楽』平凡社、2004。

前田昭雄他著『ベートーヴェン全集』全10巻、講談社、1997～2000。
C.H. マーリング、大崎滋生『オーケストラの社会史』音楽之友社、1990。
海老澤敏、高橋英郎編訳『モーツァルト書簡全集』白水社、1976～2001。
H.A. リー『異邦人マーラー』渡辺裕訳、音楽之友社、1987。